Sicher ist sicher. Bei aller Sorgfalt, die wir in der Recherche haben walten lasse können sich Öffnungszeiten auch einmal kurzfristig ändern, oder ein Lokal gerade in Ihrer perfekten Kalifornien-Woche ausgebucht oder geschlossen. L rum empfehlen, wir grundsätzlich möglichst weit im Voraus zu reservieren. E kurzer Anruf genügt, und Sie können sicher sein, zur vereinbarten Zeit ein Platz zu finden.

für die Süddeutsche Zeitung Edition
in Kooperation mit smart-travelling print UG, Berlin
Reihe „Eine perfekte Woche ...“

Idee und Redaktion: Nancy Bachmann, Nicola Bramigk
Projektleitung: Sabine Sternagel
Texte: Nancy Bachmann, Sabine Danek
Fotos: Nancy Bachmann, Nicola Bramigk, Florentin Aisslinger,
Namy Nosratifard, Avalon (S. 14), The Line, Sparrows Lodge,
Two Bunch Palms, Proper Hotel, Plow
Covergestaltung: Stefan Dimitrov, Lena Mahr
Gestaltung und Illustration: Cindy Bachmann, Rahel Streiff
Lektorat: Jens Markowsky
Realisation: Sibylle Schug
Herstellung: Thekla Licht, Hermann Weixler
Druck und Bindung: optimal media GmbH, Röbel/Müritz
ISBN: 978-3-86497-185-3

2. Auflage, 2019

SMART
TRAVELLING

EINE PERFEKTE WOCHE ...
IN KALIFORNIEN

☞

www.smart-travelling.net

LIEBLINGSADRESSEN IN KALIFORNIEN

CITY OF ANGELS
Seite 13

1 Hotel/Restaurant:
Avalon
9400 W Olympic Blvd, W Hollywood,
CA 90212, Tel: +1 310 277 5221
Seite 15

2 Hotel/Restaurant/Bar:
Chateau Marmont
8221 Sunset Blvd, West Hollywood,
CA 90046, Tel: +1 323 656 1010
Seite 19

3 Hotel/Restaurant/Café:
The Line
Wilshire Blvd 3515, Koreatown,
CA 90010, Tel: +1 213 381 7411
Seite 25

4 Restaurant/Café:
Café Gratitude
639 N Larchmont Blvd, Hollywood,
CA 90004, Tel: +1 323 580 6383
Seite 31

5 Restaurant:
Gjelina
1429 Abbot Kinney Blvd, Venice,
CA 90291, Tel: +1 310 450 1429
Seite 37

6 Café:
Joan's on Third
8350 W Third St, West Hollywood,
CA 90048, Tel: +1 323 655 2285
Seite 45

7 Café:
Moon Juice
2839 W Sunset Blvd, East Hollywood,
CA 90026, Tel: +1 213 908 5407
Seite 49

8 Restaurant/Café:
Squirl Kitchen
720 N Virgil Ave, East Hollywood,
CA 90029, Tel: +1 323 284 8147
Seite 53

9 Restaurant/Café:
Destroyer
3578 Hayden Ave, Culver City,
CA 90232, Tel: +1 310 360 3860
Seite 63

10 Restaurant/Café:
Malibu Farm Café
23000 Pacific Coast Hwy, Malibu,
CA 90265, Tel: +1 310 456 1112
Seite 67

VON OJAI NACH
SANTA BARBARA
Seite 73

LIEBLINGSADRESSEN IN KALIFORNIEN

11 Hotel:
Ojai Rancho Inn
615 W Ojai Ave, Ojai, CA 93023
Tel: +1 805 646 1434
Seite 75

12 Restaurant/Café:
The Farmer & The Cook
339 W El Roblar Dr, Ojai,
CA 93023, Tel: +1 805 640 9608
Seite 83

13 Restaurant:
La Super Rica
622 N Milpas St, Santa Barbara,
CA 93103, Tel: +1 805 963 4940
Seite 91

14 Restaurant:
The Lark
131 Anacapa St, Santa Barbara,
CA 93101, Tel: +1 805 284 0370
Seite 95

15 Aktion:
Summerland Antique Collective
2192 Ortega Hill Rd, Summerland,
CA 93067, Tel: +1 805 565 3189
Seite 105

DESERT MAGIC – PALM SPRINGS UND JOSHUA TREE
Seite 109

16 Hotel/Restaurant/Bar:
Ace Hotel & King's Highway Diner
701 E Palm Canyon Dr, Palm Springs,
CA 92264, Tel: +1 760 325 9900
Seite 111

17 Hotel:
Korakia Pensione
257 S Patencio Rd, Palm Springs,
CA 92262, Tel: +1 760 864 6411
Seite 119

18 Hotel/Restaurant/Bar:
The Parker
4200 E Palm Canyon Dr, Palm Springs,
CA 92264, Tel: +1 760 770 5000
Seite 125

19 Restaurant:
Workshop Kitchen
800 N Palm Canyon Dr, Palm Springs,
CA 92262, Tel: +1 760 459 3451
Seite 129

20 Hotel/Restaurant:
Two Bunch Palms
Desert Hot Springs, CA 92240
Tel: +1 760 329 8791
Seite 133

21 Aktion:
Joshua Tree Park
Seite 141

22 Restaurant:
La Copine
848 Old Woman Springs Rd, Flamingo Heights, CA 92284 Yucca Valley
Tel: +1 760 289 8537
Seite 145

23 Restaurant:
Pappy & Harriet's
53688 Pioneertown Rd, Pioneertown, CA 92268, Tel: +1 760 365 5956
Seite 151

VON BIG SUR NACH SAN FRANCISCO
Seite 157

24 Hotel/Restaurant:
Deetjen's
48865 Highway 1, Big Sur, CA 93920, Tel: +1 831 667 2378
Seite 159

25 Hotel/Restaurant:
Glen Oaks
47080 Highway 1, Big Sur, CA 93920, Tel: +1 831 667 2105
Seite 165

26 Restauran/Bar:
Nepenthe
47080 Highway 1, Big Sur, CA 93920, Tel: +1 831 667 2345
Seite 169

☞ Weitere Adressen finden Sie unter www.smart-travelling.net

27 Restaurant/Café:
Big Sur Bakery
47540 Highway 1, Big Sur
Tel: +1 831 667 0520
Seite 173

28 Hotel:
The Parsonage
198 Haight Street, Hayes Valley,
San Francisco, CA, Tel: +1 415 86 3369
Seite 181

29 Restaurant/Café:
Tartine Manufactory
595 Alabama St, San Francisco,
CA 94110, Tel: +1 831 667 2105
Seite 189

30 Restaurant/Bar:
Chez Panisse
1517 Shattuck Avenue, Berkeley,
CA 94709-1516, Tel: +1 510 548 5525
Seite 197

31 Restaurant/Bar:
Hog Island Oyster Co.
1 Ferry Building, 11A, San Francisco,
CA 94111, Tel: +1 415 391 7117
Seite 201

GUT ZU WISSEN
Tipps, Ausflüge,
Spaziergänge
Seiten 209-240

33

CALIFORNIA DREAMIN'

Der „Golden State“ Amerikas ist der Sehnsuchtsort schlechthin. Landet man unter dem strahlend blauen Himmel in Los Angeles, ist man schnell angesteckt von dem californian spirit, dem Gefühl von Leichtigkeit und Lebenslust, von dem Geist, sich immer wieder neu zu erfinden und das mit dem festen Glauben daran, dass alles möglich ist. Ob das die schnelle Erleuchtung ist oder eine steile Karriere in Hollywood.
SoCal, wie die Einheimischen Südkalifornien nennen, ist eine Region der Superlative, von Hollywood mit seinem Star-Kult bis hin zur Wüsten-Wildnis im Mojave Desert mit seinen magischen Joshua Trees. Dazu gibt es legendäre Ferien-Hotspots wie Palm Springs und Santa Barbara, das Surferparadies Malibu und kulinarische Höhenflüge, die in Sachen Esskultur weltweit Trends setzen. Steht man in Los Angeles regelmäßig im Stau, ist es umso schöner einen Roadtrip zu machen. Am besten mit offenem Verdeck und auf dem legendären Highway 1 die West Coast entlang nach Big Sur, vorbei an Seehund-Kolonien, dramatischer Steilküste und schönsten Ausblicken oder Richtung Süden tief in die Wüste hinein, wo es plötzlich ganz still wird und man sich an der Weite gar nicht sattsehen kann.
Als wenn das nicht alles schon wunderbar genug wäre, scheint fast immer die Sonne dazu. „It never rains in Southern California“, wie Albert Hammond 1972 sang, und unerreicht sind auch die „Winter“-Nächte, in denen ganz L.A. nach Eukalyptus und Jasmin riecht und die Sommermorgen, wenn die Luft noch ganz kühl und prickelnd ist und der neue Tag verheißungsvoll vor einem liegt.

MALIBU
FARM
FRESH ORGANIC LOCAL

JUICE

CITY OF ANGELS

Stadt der Engel und Glitzerwelt der Stars und Sternchen – und seit den letzten Jahren auch ein ernst zu nehmender Schauplatz für Kunst und gesunden Lebensstil: Immer auf der Suche nach Selbstoptimierung, hat Los Angeles sich zu dem place to be in Sachen Health Food entwickelt. High End Juice Bars sind über die ganze Stadt verteilt, kein Star, den man nicht regelmäßig mit einem Green Smoothie in der Hand ablichtet, dazu ist die Yoga-Szene besonders ausgeprägt und spirituell. „Only in L.A." ist ein feststehender Begriff für den Eigensinn und die Unangepasstheit der Angelenos. Wo sieht man sonst Geschäftsmänner vor der Arbeit noch eine Runde auf dem Surfbrett drehen, um dann direkt am Pacific Coast Highway vom Wetsuit in den Businessanzug zu steigen.
Wer L.A. erkunden will, braucht ein Auto, denn hier gibt es kein Zentrum, stattdessen erstreckt die Stadt sich meilenweit in die verschiedensten Richtungen. Der 35 Kilometer lange Sunset Blvd verbindet die Eastside mit der Westside, führt vom pulsierenden Downtown durch die Hipster Viertel Silver Lake, Echo Park und Hollywood durchs schicke Beverly Hills fast bis ins Surferparadies Malibu.
Will man Community Feeling schnuppern, fährt man nach Venice und spaziert die In-Meile Abbot Kinney entlang mit ihren Boutiquen, Cafés und Restaurants oder steckt seine Füße am Beach in den Sand. Die kalifornische Metropole ist ansteckend, ob es nun der immerblaue Himmel, das weiche Licht oder die vielen Verheißungen sind, die hier in der Luft liegen.

avalon hotel

AVALON

Das Avalon (früher das Beverly Carlton Hotel), in dem schon Marylin Monroe gewohnt hat, ist ein flacher 50er-Jahre-Bau in bester Beverly Hills Lage, ruhig und nur wenige Blocks vom Rodeo Drive entfernt. Die frisch renovierten, stylischen Zimmer mit türkisblau gemusterten Tapeten sind über drei Gebäude verteilt. Zentrum des Hotels ist der Innenhof mit dem geschwungenen Vintage-Pool und dem italienischen Restaurant Oliverio.
Hier kann man morgens wunderbar mit Egg-Benedict oder einem Blueberry Smoothie in den Tag starten, den ganzen Tag über auf Poolliegen chillen oder, wer es privater mag, in den Séparées verweilen.
Der Pool-Garten ist auch beliebt zum Wochenend-Brunch (unbedingt den Oliverio Burger mit Kobe Beef und Trüffelkäse probieren!) und besonders stimmungsvoll zum Sun Downer oder romantischen Dinner am Abend. Auch als Nicht-Hotelgast kann man die relaxte Avalon-Atmosphäre beim Pool genießen.

1 Avalon Adresse: 9400 W Olympic Blvd, Los Angeles, West Hollywood, CA 90212 Tel: +1 310 277 5221 Internet: www.avalonbeverlyhills.com Preise: DZ ab $199 Öffnungszeiten: Oliverio: Täglich 11.00 – 15.00 Uhr, Montag – Samstag 18.30 – 22.30 Uhr, Sonntag 18.00 – 22.00 Uhr, Brunch am Wochenende: 11.00 – 16.00 Uhr

CHATEAU MARMONT

Sie ist so „Chateau Marmont“, sagt man in L.A. schon mal und meint damit eine Frau, die ultra bohemian-schick ist, lässig, aber dennoch elegant, extravagant und trotzdem zeitlos. Ganz so wie das Chateau Marmont selbst, das Hollywood-Schloss am Sunset Boulevard, 1929 nach Vorbild eines Loire-Château erbaut. Seit seiner pompösen Eröffnung sind die versteckt im Grünen liegenden Bungalows und die verwinkelten Suiten, von denen einige sogar eine Küche haben, das Zuhause der Stars.
Wer gesehen werden möchte, besucht das Restaurant mit dem lauschigen Garten im normannischen Stil. Das haben einst schon Greta Garbo und James Dean so gehalten und beherzigen heute Lana del Rey, Jennifer Aniston oder Leonardo DiCaprio. Besonders relaxt ist es hier zum klassischen Frühstück mit Pancakes, French Toast, Banana Bread und American Coffee. Am Abend muss man als No-Name rechtzeitig reservieren, um die italienisch angehauchten Gerichte wie die frittierten Artichoken, Lobster-Risotto und den legendären Chateau-Burger mit Fries in plüschig-cooler Atmosphäre zu genießen. Mit „Somewhere“ hat Sofia Coppola dem Kulthotel ein Kinodenkmal gesetzt.

2 Chateau Marmont Adresse: 8221 Sunset Blvd, Los Angeles, West Hollywood, CA 90046 Tel: +1 323 656 1010 Internet: www.chateaumarmont.com Preise: DZ ab $ 450

☞ Bar Marmont

Kommt man den Sunset Boulevard hinunter, sieht die Bar des Chateau Marmont, die direkt an der Straße liegt, schon ein wenig wie ein Bretterverschlag aus. Dahinter verbirgt sich allerdings lasziv ein französisches Bar-Restaurant mit Spiegeln, tiefroten Fransenlampen, langen Bänken, kleinen Bistrotischen und einer Bar wie aus einem Gemälde von Toulouse-Lautrec. Im Gegensatz zum Chateau Marmont selbst ist hier jeder willkommen und die Gerichte stammen aus derselben Küche. Lecker als Kleinigkeit ist der Avocado Crab Cake, wer mehr Hunger hat, sollte die cremigen Sheep's Milk Ricotta Gnocchi oder den Damn Good Burger bestellen, ein Klassiker des Hauses. Kommt man nur auf einen Drink, sollte man den Chocolate Martini wählen.

Adresse: 8171 W Sunset Blvd, Los Angeles, West Hollywood, CA 90046
Tel: +1 323 6561010, Öffnungszeiten: Täglich 18.00 – 2.00 Uhr

☞ Petit Ermitage

Hat man einmal eingecheckt, möchte man das Petit Ermitage am liebsten nicht mehr verlassen. Ein All-Suite Boutique-Hotel und privater Members-Club, mit allem, was man sich nur wünschen kann: herrlich komfortable Zimmer, eine Kunstsammlung, die ein Museum füllen könnte, handverlesene Antiquitäten, eine idyllische Dachterrassen-Oase mit Restaurant, Pool und einem 360°-Blick auf L.A. Und dazu gibt es in der Butterfly Bar grandiose Cocktails und wird zu Filmnächten und Live-Konzerten geladen. Ein Ort in herrlich unaufgeregter und relaxter Atmosphäre, an dem man einfach „sein" kann! Als Hotelgast wird man automatisch Mitglied auf Zeit und kann alles genießen.

Adresse: 8822 Cynthia St,Los Angeles, West Hollywood, CA 90069
Tel: +1 310 854 1114, Internet: www.petitermitage.com, Preise: DZ ab $ 199

☞ Palihotel

Das Palihotel auf der Melrose Avenue bietet alles, was der moderne City-Reisende braucht und spricht ein kreatives Publikum jeden Alters an. 32 Wohlfühl-Zimmer, das beliebte Restaurant The Hart and The Hunter, in dem man morgens wunderbar frühstücken kann und Melrose Shopping direkt vor der Tür und einen Thai Massage Service zum Relaxen. Die Lobby ist wie ein großes Wohnzimmer und hat man sich erst einmal auf einem der bequemen Sessel niedergelassen, möchte man so schnell nicht mehr weg. Statt auf minimalistisches Design setzt der Interieurdesigner und Hotelier Avi Brosh in L.A. auf rustikalen Vintage-Chic und trifft dabei stilvoll den Zeitgeist. Das Konzept ist aufgegangen, denn es gibt mittlerweile weitere Pali-Häuser in West Hollywood, Santa Monica und Culver City.

Adresse: 7950 Melrose Ave, Los Angeles, West Hollywood, CA 90046
Tel: +1 323 272 4588, Internet: www.pali-hotel.com
Öffnungszeiten: The Hart and The Hunter,
Täglich 7.00 – 15.00 Uhr und 17.30 – 22.30 Uhr, Tel: +1 323 424 3055
Internet: www.thehartandthehunter.com

The Line

Was Los Angeles jenseits von Hollywood zu bieten hat, zeigt die Sydell Group (Ace Hotels) mit dieser modernistischen Schönheit in Koreatown. Nicht nur das Viertel, das zentral am Wilshire Boulevard liegt, ist spannend, sondern auch, dass The Line auf Dinge setzt, die so gar nicht L.A. sind. Wie zum Beispiel auf hoteleigene Fahrräder und auf die Nähe der U-Bahn, mit der man jeden Stau vermeidet. Gestylt mit rohem Beton und bunten Folklorestoffen und mit grandiosen Ausblicken auf die Hollywood Hills, ist The Line ein besonderer Ort zum Übernachten und abseits des Wohlbekannten. Über 350 Zimmer sind auf zwölf Stockwerke verteilt, auf der Dachterrasse gibt es einen Pool und das Restaurant Openaire, eine grüne Oase, mit einem Menu, das die besten lokalen Zutaten aus Land und Meer serviert. Geführt vom 2-fachen Sternekoch und gebürtigen Angeleno, Josiah Citrin. In der Lobby kann man sich zwischendurch bei dem lokalen Kaffeeröster Alfred's Coffee mit einem Kaffee, dem unverwechselbaren Matcha, frischen Kokosnüssen oder einem einfachen Snack to go stärken. Regelmäßige Happenings rund um das Thema Essen, Art & Design und Musik schaffen Community und bringen Einheimische und Hotelgäste zusammen.

3 The Line Adresse: Wilshire Blvd 3515, Koreatown, CA 90010
Tel: +1 213 381 7411 Internet: www.thelinehotel.com
Preise: DZ ab $ 239 Öffnungszeiten: Restaurant Openaire, siehe Website
Tel. Reservierung: +1 213 368 3065

☞ The Nomad

Das NoMad Los Angeles ist viel mehr als nur die kleine Schwester des NoMad New York. Es ist definitiv das meist besprochene Hotel, das 2018 in Los Angeles seine Pforten geöffnet hat. Dementsprechend pompös ist die Location auch – ein historisches Wahrzeichen –, denn das Hotel befindet sich in einem 12-stöckigen neoklassizistischen Gebäude, dem ehemaligen Hauptquartier der Bank of Italy. Dachpool, Bibliothek, ein Restaurant, das von Chefkoch Daniel Humm und Gastronom Will Guidara bewirtet wird und mit samtig grünen Stühlen bestückt ist, sowie die Bar Parlour mit schwarzen Ledersofas und plüschig-lila Kissen lassen alle, die hier absteigen, in das alte Hollywood eintauchen.

Aresse: 649 S Olive St, Los Angeles, CA 90014, Downtown
Tel: +1 213 358 0000, Internet: www.thenomadhotel.com/los-angeles
Preis: DZ ab $ 269

☞ Hotel Covell

Perfekt zwischen Hollywood und Downtown gelegen ist das Boutique-Hotel ein schöner Rückzugsort und dabei gleichzeitig umgeben von angesagten Cafés, Restaurants und Bars. Mitten in seinen neun Zimmern erzählt das Covell aus dem Leben des fiktiven Schriftstellers George Covell, von seiner Kindheit in Oklahoma, den Künstlerjahren in New York bis zum literarischen Erfolg – und basiert vor allem auf dem Leben der Besitzer Dustin Lancaster und Interiordesignerin Sally Breer. Sie hat das Haus aus den 1930er-Jahren in warme Bernsteintöne getaucht und mit viel Holz, fein geknüpften Teppichen, Designstücken und jeder Menge Vintage-Glamour ausgestattet. In der sympathischen Weinbar Covell geht es ganz unprätentiös zu, mischen sich Locals ganz ungezwungen mit jungen Celebreties, trinken Wein und essen dazu Snacks mit Blick auf den Hollywood Boulevard.

Adresse: 4626 Hollywood Blvd, Los Feliz, CA 90027
Tel: +1 323 660 4300, Internet: www.hotelcovell.com, Preise: DZ ab $ 245

Bar Covell, Tel: +1 323 660 4400, Internet: www.barcovell.com
Öffnungszeiten: Sonntag – Donnerstag 17.00 – 24.00 Uhr,
Freitag und Samstag 17.00 – 2.00 Uhr

CAFÉ GRATITUDE
I AM LOVE
I AM GENEROUS
I AM COURAGEOUS
I AM HUMBLE
I AM FULFILLED
WE ARE ONE
I AM TRUSTING
I AM INSPIRED
CAFÉ GRATITUDE
SO I CHOOSE
FRIDAY-SATURDAY

CAFÉ GRATITUDE

CAFÉ GRATITUDE

Diese süchtig machende Anlaufstelle für köstliche, gesunde Gerichte kommt ursprünglich aus der Bay Area. Versprüht sie dort noch einen Hauch von Müslikultur, ist sie in L.A. der vegane place to be. Hochmodern in einem gläsernen Kubus mit Sonnenterrasse im Larchmont Village platziert, wird hier nicht nur Energie spendendes Food, sondern auch das Miteinander zelebriert. Wer möchte kann am Community Table sitzen, sein Live Sandwich mit Mandelpaté, Avocado und Senfdressing oder seine Pasta aus Meeresalgen mit Kohl, Koriander, Basilikum, Minze und Teriyaki-Mandeln genießen oder einen Mint Chocolate Chip Shake mit rohem Kakao – und dabei ungezwungen ins Gespräch kommen. Dieses passiert sowieso spätestens, wenn der Kellner kommt. Nicht nur, dass die Gerichte Namen wie „I am joy“, „I am pure“ oder „I am hearty“ tragen, sie werden auch mit der Frage des Tages serviert: „Was liebst du an deinem Leben?“, „Worauf bist du stolz?“ oder „Was lässt dich leuchten?“. Diese Fragen werden einem zum Nachdenken mit auf den Weg gegeben. Das Gratitude ist eine Erfolgsstory und mittlerweile weltbekannt, dabei wollten die Besitzer Terces and Matthew Engelhart damals einfach nur einen Ort kreieren, wo man ihr Spiel „The Abounding River“ spielen konnte. Mittlerweile gibt es Filialen in Venice (512 Rose Ave) und Downtown LA (300 S Santa Fe Ave).

4 Café Gratitude Adresse: 639 N Larchmont Blvd, Los Angeles, Hollywood, CA 90004 Tel: +1 323 580 6383 Internet: www.cafegratitude.com Öffnungszeiten: Täglich 8.00 – 22.00 Uhr

I AM
DELIGHTED
Ingredients:
$5

☞ Gracias Madre

Der neueste Coup der Café Gratitude-Familie ist das Gracias Madre in West Hollywood. Ein Konzept, das es schon seit 2009 im Mission District in San Francisco gibt. Als Hommage an das Nachbarland Mexiko und die Frauen, die dort in der Küche stehen, während ihre Männer in Kalifornien arbeiten. Unter hohen Decken und im luftigen Garten werden mexikanisch inspirierte Gerichte serviert, alle organic, vegan und mit Produkten, die von lokalen Farmern kommen, von hausgemachten Tacos mit Cashew-Cheese bis zu organic Tequila Cocktails.

Adresse: 8905 Melrose Ave, Los Angeles, West Hollywood, CA 90069
Tel: +1 323 978 2170, Internet: www.graciasmadreweho.com
Öffnungszeiten: Montag – Freitag 11.00 – 23.00 Uhr,
Samstag und Sonntag 10.00 – 23. 00 Uhr

☞ Beachwood Café

Das Beachwood Cafe, ein modernes amerikanisches Diner, das passend zum L.A.-Lifestyle auch vegetarische und vegane Varianten anbietet, ist *der* lokale Treffpunkt im Beachwood Village. Idyllisch gelegen am Fuße des Beachwood Canyons mit dem berühmten Hollywood-Sign. Patti Peck, die schon unter Alice Waters im Chez Panisse kochte und eigene Restaurants in L.A. führte, hat 2012 den ehemaligen Village Coffee Shop übernommen und wiederbelebt. Das stylisch-originelle Interieur mit Kunsttapeten von Geoff McFetridge, der langen Bar und den Vintage-Tischen verströmt einladendes Community-Feeling. Immer ideal, ob auf einen Kaffee oder kurzen Snack, einen ausgiebigen Brunch mit Freunden oder ein gemütliches Dinner.

Adresse: 8171 W Sunset Blvd, Los Angeles, West Hollywood, CA 90046
Tel: +1 323 656 1010, Öffnungszeiten: Täglich 18.00 – 2.00 Uhr

☞ Beachwood Canyon Hike

Dieser wunderschöne Hiking Trail im Beachwood Canyon liegt am Ende vom Deronda Drive direkt unter dem Hollywood Sign. Lassen Sie sich von dem verschlossenen Tor mit dem „Durchgang-verboten"-Schild nicht abschrecken. Etwas weiter links gibt es nämlich einen versteckten Zugang, hinter dem sich eine samtige Hügellandschaft und ein Wegenetz mit grandiosen Ausblicken auf das Griffith Observatory und die Downtown-Kulisse eröffnen. Hier kann man vor allem in der Woche stundenlang mit sich und der Natur allein sein oder sich bei der Sunset Ranch (www.sunsetranchhollywood.com), die etwas unterhalb liegt, ein Horse Riding buchen.

Anfahrt: vom Beachwood Dr., links in Ledgewood Dr, links in Deronda Drive bis zum Ende.

Canon

GJELINA

GJELINA

Als Fran Camaj 2008 sein Gjelina eröffnet hat, das nach seiner Mutter benannt ist, wollte er eigentlich nur einen Ort mit gutem Essen für Freunde schaffen – und mittlerweile ist seine Fangemeinde so groß, dass man zu Hauptzeiten nur noch schwer einen Platz bekommt.

Das Warten auf einen Tisch lässt sich aber gut mit einem Drink an der Bar überbrücken, wo man auch schon mal einen Blick in die Karte werfen kann, deren Gerichte man am liebsten einmal von oben nach unten bestellen möchte. Da alles köstlich, farm-to-table und auf den Punkt ist, kann man nichts falsch machen. Klassiker sind die Salate und Gemüse-Vorspeisen, der Mushroom Toast, der Lamm-Burger oder die Gruyère-Pizza und als Dessert der berühmte Butterscotch Pot de Creme, ein herrlich cremiger Caramel-Flan mit Salzkristallen und Creme Fraîche.

Für das perfekte Gjelina-Erlebnis kommt man am besten mit mehreren Freunden und jeder bestellt etwas anderes, so dass man alles einmal probieren kann. Und will man danach noch weiterziehen, kann man im Tasting Kitchen ein paar Häuser weiter (1633 Abbot Kinney Blvd) auf einen Braveheart Cocktail stoppen.

5 Gjelina Adresse: 1429 Abbot Kinney Blvd, Venice, CA 90291
Tel: +1 310 450 1429 Internet: www.gjelina.com
Öffnungszeiten: Täglich 8.00 – 24.00, Sonntag bis 23.00 Uhr

☞ GTA

Das Take Away von Gjelina hat Kultstatus. Es ist die sichere Anlaufstelle, wenn man nach dem perfekten Snack sucht oder im dazugehörigen Restaurant keinen Platz bekommt. Ob das morgens auf einen Matcha Latte mit selbst gemachter Mandelmilch und Granola ist, mittags auf einen der Salate, die in den großen Schüsseln vor Frische und besten Zutaten nur so strotzen oder abends auf eine der berühmten Pizzen. Das GTA serviert Comfort Food, das glücklich macht. Deshalb herrscht hier von morgens früh bis abends spät reges Treiben in der offenen Küche, an den wenigen Stehtischen und auf den Holzkisten, auf denen man lässig vor der Tür sitzt.

Tel: +1 310 392 7575, Internet: www.gjelinatakeaway.com
Öffnungszeiten: Täglich 7.00 – 22.00 Uhr

☞ Gjusta

Gjusta gehört zur Gjelina-Gruppe und ist ein absoluter Lieblingsort in Venice. Was hier in der Theke liegt, ist heiß begehrt und die Kunden nehmen dafür auch gern mal eine Wartezeit in Kauf. Neben Gebäck, Croissants, Sandwiches, Salaten und wechselnden Hauptgerichten wird hier auch das beste Sauerteigbrot angeboten. Und langweilig wird's beim Anstehen auch nicht, denn währenddessen kann man den Bäckern und Köchen in der offenen Küche beim Zubereiten zusehen. Die Köstlichkeiten genießt man drinnen an der Theke oder im schönen Innenhof. Tipp: Schauen Sie nebenan bei Gjusta Goods vorbei. Untergebacht in einem Kunststudio aus den 1930er-Jahren werden hier wunderschöne Lifestyle- und Interieur-Accessoires angeboten.

320 Sunset Ave, Venice, CA 90291, Tel: +1 310 314 0320
Internet: www.gjusta.com, Täglich 7.00 Uhr – 22.00 Uhr

JOAN'S ON THIRD

Joan's on Third ist eine Institution auf der West Third Street in Beverly Hills und einer der Paparazzi-Stammplätze, um garantiert einen Hollywood-Star vor die Linse zu bekommen. 1998 von Joan McNamara eröffnet, führt sie das beliebte Café-Restaurant heute gemeinsam mit ihren beiden Töchtern.
Die Angelenos lieben es, am Wochenende hier zum Brunchen zu gehen und auch sonst eine der zahlreichen Frühstücks-Klassiker wie Egg Basket Omelett mit Sour Cream, die Lobster Roll mit Fries (nur am Wochenende) oder French Toast zu genießen oder sich zum Lunch in die obligatorische Schlange einzureihen, um die Sandwiches, Soups und Salads, Weine und sogar ausgesuchte Kochbücher des Gourmet-Delis, das an Dean & DeLuca aus New York erinnert, zu bestellen. Eine Entdeckung sind die bagel chips mit den cream cheese oder smoked salmon spread genauso wie der zusammen mit den Jungs von Juice Served Here next door entwickelte cold pressed juice „Joan's on Third", eine einzigartige Mischung aus Grün, Koriander, Apfel, Zitrone und Ingwer.
Perfekt auch, sich dort einen Picknick-Korb packen zu lassen, ob für einen Tag am Strand oder einen Nachmittag im Park.

6 Joan's on Third Adresse: 8350 W Third St, Los Angeles, West Hollywood, CA 90048 Tel: +1 323 655 2285 Internet: www.joansonthird.com
Öffnungszeiten: Montag – Samstag 8.00 – 20.00 Uhr, Sonntag 8.00 – 19.00 Uhr

DOUBLE CONCENTRATED
TOMATO PASTE
DOUBLE CONCENTRATED
TOMATO PASTE
JOAN'S ON THIRD

JOAN'S on THIRD
JOAN'S ON THIRD
JOAN'S
JOAN'S on THIRD
GELATO
CAFE
332

JOAN'S
on THIRD
BLEND MOCHA
BLEND VANILLA
Server: RYAN R

MOON JUICE

L.A. ist ein Juice-Bar-Mekka und juicen Kult. Eine Juice-Bar, die sich von allen abhebt, ist Moon Juice von Amanda Chantal Bacon. Einzigartig ist ihr Angebot an kalt gepressten Säften, Nussmilch-Sorten, veganen Superfood-Snacks, Energy-Shots, Herbal Tonics und Elixieren mit Apothekencharakter. Ihre Rezepturen sind so abgestimmt und ausbalanciert, dass sie eine heilende Wirkung haben und dabei auch noch wahnsinnig gut schmecken. Ihre Läden in Venice, Silver Lake und Melrose Place sind Anlaufstelle von Health Foodies aus nah und fern. Klassiker sind die Tumeric's Cup, ein Immunity Booster mit Kurkuma, Ingwer, Cayenne und Honig oder der stimmungsaufhellende Goodness Greens mit Kohl, Löwenzahn, Petersilie, Spinat und Sellerie. Wem das zu heftig ist, bestellt einen alkalisierenden California Sun mit gemischten Zitrusfrüchten oder den energiespendenden Date Shake mit Haselnussmilch, Datteln, Mandelbutter, Maca, Espressobohnen und Kardamom. Gekonnt nebeneinander aufgereiht, wirken die Drinks in der Vitrine wie die schönste Farbpalette. Wer tiefer einsteigen will, nimmt gleich einen Rainbow oder Green Cleanse oder probiert einen der mit Superpilzen und -kräutern angereicherten Lattes Spirit Dusted Chai, Cosmic Matcha oder Sex Dusted Coffee.

7 Moon Juice Adresse: 2839 W Sunset Blvd, Los Angeles, East Hollywood, CA 90026 und 507 Rose Ave, Venice, CA 90291 Tel: +1 213 908 5407 Internet: moonjuiceshop.com Öffnungszeiten: Täglich 7.00 – 20.00 Uhr

Moon Juice
Moon Juice

CINNAMON ROLLS
$7.00

SQIRL

SQUIRL KITCHEN

Am Anfang war es nur eine Marmeladenküche in East Hollywood, in der Jessica Koslow Früchte vom Farmers Market eingekocht hat. Als Hommage an die Obstvielfalt in ihrer kalifornischen Heimat. Die besonderen Kombinationen aus Früchten und Gewürzen wie Wilde Blaubeere mit Estragon, Maulbeere mit Basilikum oder Schwarze Johannisbeere mit Meyer Lemon, einer süßen kalifornischen Zitronenart, wurden schnell zum Renner auf Farmers Märkten und in den besten Deliläden der Stadt. Fehlte bloß noch der passende Toast & Coffee zur Marmelade und so hat Koslow Ende 2012 die Küche zu einem Eckcafé mit Community Table erweitert. Und mit so viel Liebe, Feingefühl und auf den Punkt gebracht wie ihre Marmeladen, sind auch die Gerichte, die sie anbietet. Ob der jeden Morgen frisch gebackene Brioche Toast, süß mit Ricotta und einer ihrer Marmeladen, Chocolate Ganache, Nussbutter und Fleur de Sel oder herzhaft mit Kale, Tomatenpüree, hot sauce und Ei. Oder die Rice Bowl mit Sauerampferpesto, Meyer Lemon, Schwarzem Rettich, Schafsfeta und pochierten Ei. Und der Kaffee als Espressoshot oder Filterkaffee von den besten Röstereien Kaliforniens.
Die meisten Kunden kommen aus der Nachbarschaft und zu Fuß, stehen geduldig Schlange oder warten auf den nächsten freien Tisch auf dem Bürgersteig. Ruhig ist es hier eigentlich nie, höchstens ganz früh am Morgen oder nach 15.00 Uhr.

8 Squirl Kitchen Adresse: 720 N Virgil Ave, East Hollywood, CA 90029 Tel: +1 323 284 8147 Internet: www.sqirlla.com Öffnungszeiten: Montag – Freitag 6.30 – 16.00 Uhr, Samstag und Sonntag 8.00 – 16.00 Uhr

Rice Bowl mit Sauerampfer Pesto

1 Portion

Für das Pesto Sauerampfer-Blätter und Olivenöl mit einem Spritzer Zitronensaft in einen Mixer geben, bis es eine dicke Paste wird und mit Salz und Pfeffer abschmecken.

Den gekochten Reis in eine Schüssel geben und mit der Zitrone, dem Dill und einem Esslöffel vom Sauerampfer-Pesto vermengen bis alles untereinander ist. Salzen und die Reismasse in eine Servierschüssel geben und ein paar Tropfen Hot Sauce darauf geben.

Das Ei im Wasserbad pochieren, ca. 3–4 Minuten, so dass das Eigelb noch soft ist. Mit einem Löffel vorsichtig herausnehmen und auf der einen Seite des Reises anrichten, die Rettichscheiben und die Feta-Brösel auf der anderen Seite.

Zutaten

1 Tasse gekochter Reis
2 EL frischer Dill, gehackt
1 eingelegte Zitrone, nur die Schale verwenden, gehackt
Hot Sauce
1 Ei
¼ Tasse Schafskäse, zerbröselt
1 Rettich, in dünne Scheiben geschnitten

Sauerampfer Pesto:

1 Bund frischer Sauerampfer
1-2 EL Olivenöl
Frischer Zitronensaft
Salz und Pfeffer

☞ Botanica

Aufbauend auf dem Online Journal „Botanica Magazine" wurde der dort zelebrierte healthy Food-Lifestyle jetzt in ein Restaurant am Silver Lake Boulevard umgesetzt. Und was hätte man von den beiden Freundinnen, Food Bloggerinnen und Food Stylistinnen Emily und Heather anderes erwartet? Dieser Ort ist natürlich Instagramable hoch hundert. Doch nicht nur das. Die Liebe für den gesunden Lifestyle ist bis ins letzte Detail zu spüren, von den Speisen bis zum Interieur. Es lohnt sich zu jeder Tageszeit hier vorbeizuschauen, morgens für ein Granola, zum Lunch für einen köstlichen Salat und zum Dinner für den himmlisch guten „Slow King Salmon". Wer es eilig hat, kann trotzdem vorbeischauen und sich etwas im zugehörigen „Market" to go mitnehmen.

Adresse: 1620 Silver Lake Blvd, Silver Lake CA 90026, Tel: +1 323 522 6106
Internet: botanicarestaurant.com, Öffnungszeiten: Täglich 9.00 – 14.00 Uhr und 17.30 – 22.00 Uhr, Freitag und Samstag bis 23.00 Uhr

☞ Intelligentsia & Sunset Junction

Intelligentsia ist das Herz der Sunset Junction. Bei einem Guatemala Filter oder grasgrünen Fuji Sencha sitzen Hippster in ihren Laptop vertieft, werden Drehbücher besprochen, Miranda July gesichtet oder so mancher in die Jahre gekommener Stammgast aus der Nachbarschaft verköstigt. Eigentlich muss man in der Kaffeebar immer Schlange stehen, bevor man sich mit Blick auf die Hills und den Sunset-Verkehr auf der schön gefliesten Veranda einen der heiß begehrten Plätze sichert, oder sich auf die Treppe nebenan setzt. Forage ist der perfekte Lunchspot, wie auch das Café Stella, das etwas versteckt hinter Intelligentsia liegt. Bei Naturewell kann man sich einen Coconut Kale Smoothie mixen lassen und wer Lust zum Shoppen hat, sollte einen Blick in den Mohawk General Store werfen.

Adresse: 3922 W Sunset Blvd, Los Angeles, East Hollywood, CA 90029
Tel: +1 323 663 6173, Internet: www.intelligentsiacoffee.com
Öffnungszeiten: Sonntag – Mittwoch 6.00 – 20.00 Uhr,
Donnerstag – Samstag 6.00 – 23.00 Uhr

Forage, Adresse: 3823 Sunset Blvd, Tel: +1 323 663 6885
Internet: foragela.com, Öffnungszeiten: Dienstag – Samstag
11.00 – 16.00 Uhr und 17.30 – 21.30 Uhr

Naturewell, Adresse: 3824 W Sunset Blvd, Tel: +1 323 664 5894
Internet: www.naturewell2.com, Öffnungszeiten: Täglich 7.30 – 22.00 Uhr

Café Stella, Adresse: 3932 Sunset Blvd, Tel: +1 323 666 0265
Internet: cafestella.com
Öffnungszeiten: Täglich 9.00 – 15.00 Uhr und 18.00 – 23.00 Uhr

Mohawk General Store, Adresse: 4017 W Sunset Blvd, Tel: +1 323 669 1602
Internet: mohawkgeneralstore.com, Öffnungszeiten:
Montag – Samstag 11.00 – 19.00 Uhr, Sonntag 12.00 – 18.00 Uhr

WELCOME TO SILVERLAKE
SUNSET
JUNCTION

OPEN DAILY
Sun. - Wed.
6 am - 8 pm
Thurs. - Sat.
6 am - 11 pm

ESTROYER

DESTROYER

Jordan Kahn ist kein Unbekannter in LA, nach einer zweijährigen Gastro-Pause ist er zurück in Culver City mit einem Frühstück und Lunch Spot, ganz á la Fine Dining und einer Vorliebe zur skandinavischen Küche. Ob das Raw Oatmeal mit Roter Johannisbeere und Vanille, das Avocado Confit mit Öl vom gerösteten Kohl, die gebackenen Süßkartoffeln mit Avocado, Joghurt und Zitrone oder das Reis-Porridge mit karamellisierten Brokkoli, gepufften Reis – alles ist hier köstlich.

Das Besondere an Destroyer ist, dass alles, von den Lebensmitteln bis zum Interieur, von Kahn´s Freunden und Bekannten stammt. Quasi eine Family Affair! Das Restaurant liegt inmitten des Hayden Tracts, hier dreht sich alles um Industrial Design und die Büros von Nike, Alejandro Iñárritu und Beats by Dre sind hier zuhause. Dementsprechend fancy geht es auch an den Tischen zu. Doch auch gerade deswegen noch ein absoluter Geheimtipp unter den Locals! Tipp: Das tolle Keramikgeschirr, aus dem man seinen Kaffee trinkt oder seine Bowl isst, wird bei Match Stoneware schräg gegenüber handgefertigt. Eine schöne Erinnerung für zu Hause, wenn man seinen Kaffee aus den Destroyer Schalen trinkt (3605 Hayden Ave, Tel: +1 424 298 8383, www.matchstoneware.com).

9 Destroyer Adresse: 3578 Hayden Ave, Culver City, CA 90232
Tel: +1 310 360 3860 Internet: destroyer.la Öffnungszeiten:
Montag – Freitag 8.00 – 17.00 Uhr, Samstag und Sonntag 9.00 – 15.00 Uhr

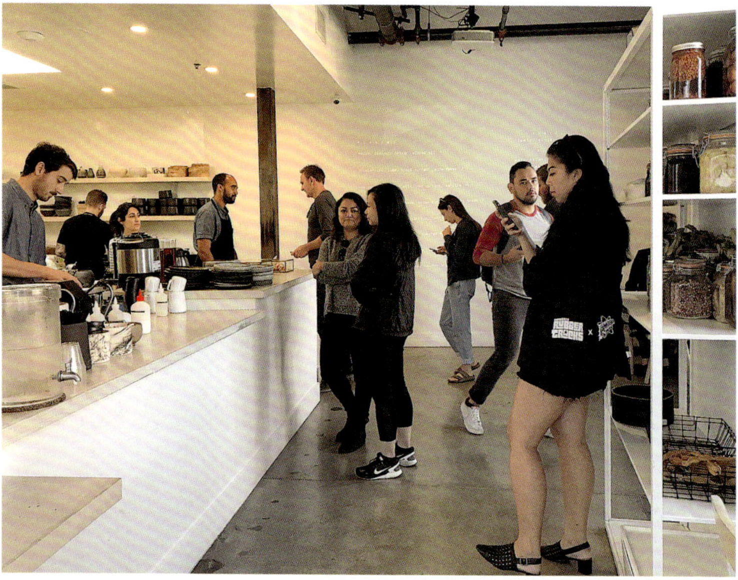

☞ The Platform

The Platform ist eine „urban shopping oasis“ mitten im kulturell aufstrebenden Culver City und bietet das perfekte Outdoor-Setting für ein echtes West-Coast-Erlebnis-Shopping unter der Sonne und zwischen Kakteen mit ausgewählten Shops und kreativen Food-Konzepten. Lokale Marken wie Parabellum, Janessa Leone, Poketo, der Concept Store The Shop bis zu international bekannten Marken wie Monocle oder Aesop bieten ein perfektes Shopping-Erlebnis. Zum Auftanken kann man sich mit einer tropischen Acai Bowl von Sao Acai, Tacos von Loqui, Eis von Van Leeuwen oder bei einem Blue Bottle Brew stärken. Wer noch eine körperliche Herausforderung sucht, kann mit einer SoulCycle class den wahren LA-Alltag erleben.

8850 Washington Blvd, Culver City, CA 90232, Tel: +1 415 342 4089
Internet: platformla.com

Cafe
MALIBU
FARM
the pier

MALIBU FARM
FRESH. ORGANIC. LOCAL.

MALIBU FARM CAFÉ

Seit Sommer 2013 ist das Malibu Farm Café am schönen Pier angesagteste Adresse der Malibu-Community. Die Schwedin Helene Henderson serviert hier healthy farm-to-table Food mit first class Ocean View. Was sie nicht selbst auf ihrer Farm anbaut, bezieht sie von befreundeten Farmern aus der Umgebung wie One Gun Ranch oder Maggies Farm.

Drinnen im Café ist es schwedisch gemütlich, man sitzt auf hellen Holzbänken und Schaffellen. Die Plätze auf der Terrasse sind am schnellsten belegt, kann man hier doch am Vormittag seinen Kaffee trinken und den Surfern am Surfrider Beach aus der ersten Reihe zuschauen. Beliebte Klassiker auf der Kreidetafel über der Bar sind das Quinoa-Porridge mit Kokosmilch, die schwedischen Pancakes, der Kale Salad und der Burger. Dazu gibt es frisch gepresste Säfte und spicy wellness shots. Wer einen kühlen Wein zur untergehenden Sonne genießen möchte oder gar ein Dinner mit Meeresrauschen, geht ins Malibu Farm Restaurant gleich am Anfang des Piers.

Wer in Malibu wohnen möchte, checkt im Boutique-Hotel The Surfrider ein, das direkt gegenüberliegt und über eine exklusive Dachterrasse mit Bar und Restaurant verfügt. Von dort kann man den Pazifik und den Malibu-Pier super überblicken (thesurfridermalibu.com).

10 Malibu Farm Café Adresse: 23000 Pacific Coast Hwy, Malibu, CA 90265
Tel: +1 310 456 1112 Internet: www.malibu-farm.com
Öffnungszeiten: Mittwoch – Sonntag 9.00 – 15.00 Uhr

produce provided by Larry Thorne Family Farm, One Gun Ranch, Malibu Farm, & Maggie's Farm.
chicken & cheese quesadilla
cauliflower lavash pizza
MALIBU FARM
FRESH
LOCALLY
ROASTED
COFFEE

MALI
FAR
FRESH. ORGANI

ONE GUN

☞ Surfrider Beach

Als Anfänger sollte man sich hier nicht in die Wellen wagen, denn in dieser legendären Bucht sind sie heiß umkämpft und von den Locals quasi reserviert. Vom frühen Morgen an parken hier die Cabrios mit den Brettern am Pacific Coast Highway, man sieht ältere Herren vor der Arbeit aus dem Neopren- und in den Business-Anzug steigen, Studenten surfen und California Girls. Auch wegen ihnen haben am Wochenende hier zahlreiche Fotografen ihre Kamera mit Stativ aufgestellt. Der Strand ist streng nach Surf- und Schwimmabschnitt eingeteilt, und es macht Spaß, sich unter die Community zu mischen und vom Badehandtuch aus den Surfern zuzusehen.

Adresse: 23200 Pacific Coast Hwy, Malibu, CA 90265

☞ Sunlife Organics

Sunlife Organics ist die perfekte Anlaufstelle für einen gesunden Snack im Malibu Country Mart. Vor 15 Jahren saß Gründer Khalil Rafati noch wegen Drogenkonsums im Gefängnis, heute zählt er zu den erfolgreichsten Unternehmern der Stadt, und das dank seiner neuen Lebensphilosophie, bei der sich alles um gesunde Bio-Früchte und Gemüse dreht. Seine Überlebenselixiere gibt es in allen Variationen – von leckeren und gesunden Säften und Smoothies, Protein-Shakes bis zu Acai Bowls, Turmeric Shots und Knochenbrühe. Und draußen auf dem Patio ist man von energiespendenden Kristallen umgeben.

Adresse: 3835 Cross Creek Rd, Malibu, CA 90265,
Tel: +1 310 456 7070, Internet: sunlifeorganics.com
Öffnungszeiten: Täglich 7.00 – 20.00 Uhr

The Center for
THE WORK
Byron Katie International
www.thework.com

MEDITATION MOUNT
OPEN
830 AM TO SUNSET
CLOSED Mon & Tues

OJAI RANCHO INN
OJAI RANCHO INN

TICKETS

VON OJAI NACH SANTA BARBARA

Malerisch liegt das Städtchen Ojai (Oh-hai), eine Stunde nordwestlich von Los Angeles entfernt, am Fuße der Topa Topa Mountains und inmitten von Weinbergen, Olivenhainen und Orangenplantagen. Bis heute wird es von Hippie Flair durchweht, auch weil der spirituelle Lehrer Krishnamurti von 1922 bis zu seinem Tod 1986 hier lebte und Yogis und New Age Gurus anzog. Die Beschaulichkeit des Ojai-Tals gefällt aber auch Künstlern und Musiker, es gibt zahlreiche Galerien und die wunderbaren Arbeiten der Keramikkünstlerin Beatrice Wood (1893–1998), die dazu das Vorbild der Hauptfigur Rose im Film „Titanic“ war.
Die Community trifft sich zu gesundem Essen bei The Farmer & The Cook, führt Hund und Hausschwein auf dem Ojai Valley Trail aus oder badet in den heißen Quellen im Matilija Creek. Im größten Outdoor-Buchladen des Landes, bei Bart's Books, kann man stundenlang stöbern oder auf den Meditation Mount klettern und von dort aus zusehen, wie die pinkfarbene Sonne hinter den Bergen versinkt.
Sehnt man sich nach amerikanischem Riviera-Feeling, ist man in einer Stunde in Santa Barbara, dem Ferien-Hotspot mit mediterranem Klima, spanischer Kolonial-Architektur und schönen Beaches. Hier kann man auf der State Street flanieren, in der Funkzone durch Galerien bummeln, sich auf dem Urban Wine Trail durch lokale Weine kosten oder Ganna Walska's exotischen Garten Lotus Land erkunden. Wer ausgefallene Vintage Fundstücke liebt, sollte unbedingt dem Antiquitäten-Mekka Summerland einen Besuch abstatten.

OJAI
Rancho
INN

OJAI
Rancho
INN

OJAI RANCHO INN

Das Ojai Rancho Inn liegt direkt am Ojai Valley Trail, der einmal durch das idyllische Bergstädtchen führt und ist die erste Adresse zum Übernachten. Seit 2013 ist es in den Händen von Kenny Osehan & Chris Sewell, die auch den Shelter Social Club betreiben und dem weinrot-weiß getünchten 50er-Jahre-Roadhouse einen frischen California Look verpasst haben: eine gekonnte Mischung aus Vintage-Möbeln und Designobjekten lokaler Künstlerfreunde wie Hängelampen von Heather Levine, schicke indigofarbene Vorhänge von Lookout Wonderland oder moderne Kunstwerke von Adam Pogue, die die alten Holzwände zieren. Alle Zimmer haben charmante originale Holzbetten, manche sogar Jacuzzi, Kitchenette oder Kamin.
Am Morgen stehen frisch gebrühter Kaffee und Tee auf der Veranda bereit. Und vermisst man das Frühstück: Das wird bewusst nicht angeboten, um die kleinen Läden der Stadt zu unterstützen, z. B. die Knead Bakery, die beste Bäckerei weit und breit, die nicht mal eine Meile entfernt ist. Das Rancho Inn ist der perfekte Ort um am Ojai-Naturleben teilzuhaben, mit dem Fahrrad durch nach Ojai zu radeln oder in einer Vintage-Liege am Pool zu entspannen und abends auf der eigenen Veranda noch ein Glas Wein zu trinken.
Regelmäßig finden Indie-Konzerte statt, wird gegrillt oder legen Künstler Hand in den Zimmern an. Wer es etwas privater mag, kann über airbnb (Link auf der Website) das Ojai Rancho House oder die Suite buchen.

11 Ojai Rancho Inn Adresse: 615 W Ojai Ave, Ojai, CA 93023
Tel: +1 805 646 1434 Internet: ojairanchoinn.com
Preise: DZ ab $ 89, Ojai Rancho Suite $ 159, House $ 189

I ♡ OJAI RANCHO INN

hot water
half-half
coffee

☞ Shop Summer Camp

Betritt man den charmanten Mini-Conceptstore an der Intersection 33/150 am Orteingang von Ojai kommt man sich fast ein bisschen wie in einem Film von Wes Anderson vor. In der ehemaligen Tankstelle gibt es alles für den naturverliebten Hipster, von Hängematten und Camping-Accessoires, über 50er-Jahre-Vintage-Poster vom Grand Canyon, die man sich auf Wunsch auch gleich rahmen lassen kann. Dazu Salbeikerzen, Picknickkörbe, Wolldecken, Lifestyle-Magazine und lokalen Honig. Das Ganze passend untermalt von Indie-Folk-Musik.

Adresse: 1020 W Ojai Ave, Ojai, CA 93023
Tel: +1 805 861 7109, Internet: shopsummercamp.com
Öffnungszeiten: Dienstag – Samstag 11.00 – 17.00 Uhr,
Sonntag 12.00 – 16.00 Uhr

☞ Caravan Outpost

Beim Einchecken erhalten Sie die Schlüssel für Ihren eigenen Airstream. Davon gibt es 11 in einer herrlichen Gartenanlage im Zentrum des kleinen Bergstädtchen Ojai. Die Lobby ist eine Art Café-General-Store und der ‚living room' von Caravan Outpost. Hier kann man sich mit Kaffee, Tee und Snacks versorgen, in Magazinen und Büchern schmökern, Handverlesenes shoppen oder ein Fahrrad leihen, um die Umgebung von Ojai zu erkunden. Am frühen Abend, wenn die untergehende Sonne den Himmel in magisches Pink verwandelt, versammelt man sich am offenen Feuer und grillt Marshmallows bei einer Flasche Wein. Eine wirklich besondere Erfahrung.

Adresse: 317 Bryant St, Ojai CA 93023
Tel: +1 805 836 4891, Internet: caravanoutpostojai.com
Preise: Airstream Trailer ab $ 165

CARAVAN
OUTPOST

CARAVAN

THE FARMER & THE COOK

The Farmer & The Cook, das sind der Farmer Steve Sprinkel und die Köchin Olivia Chase. Seit 2001 betreiben sie ihr ökologisches, vegetarisch-veganes Café und Restaurant mit Grocery Store. Damals waren sie Pioniere und quasi noch vor dem Puls der Zeit, heute ist es *der* Treffpunkt der Ojai Community und gerne schauen auch Reese Witherspoon und Johnny Depp vorbei.

Das Interieur besteht aus bunt zusammengewürfelten Flohmarktstühlen und antiken Möbeln und verströmt einen coolen Hippie-Vibe. Jeder fühlt sich willkommen, man bestellt und bezahlt am Tresen und bleibt so lange wie man will. Frühstücks-Klassiker sind die Acai-Frühstücks-Bowl, die veganen Muffins oder das köstliche selbstgebackene Brot mit Mandelbutter und ein must der legendäre Chai Tee. Mittags und abends wählt man aus mexikanisch angehauchten Gerichten wie Enchiladas, Guacamole mit Chips, Avocado Sandwich und Salaten frisch von der Farm. Immer gibt es frisch gepresste Säfte, köstliche Superfood Smoothies, Energy-Shots aus Koriander, Ingwer und Kurkuma und leckere Desserts. Und am Wochenende wird von 17.30 bis 20.30 Uhr Pizza im Holzofen gebacken. Beliebt ist die Terrasse mit Mountain View und den langen Picknicktischen, wo man schnell mit Locals ins Gespräch kommt.

Tipp: Gestärkt kann man sich danach auf einen Hike in die wunderschönen Matjilia Mountains begeben.

12 The Farmer & The Cook Adresse: 339 W El Roblar Dr, Ojai, CA 93023
Tel: +1 805 640 9608 Internet: www.farmerandcook.com
Öffnungszeiten: Täglich 8.00 – 20.30 Uhr

esalen's
100% RYE BREAD
BAKERY

ICE
COLD
TEA
ORGANI
$1.75

Ein Gespräch mit Steve Sprinkel und Olivia Chase

Besitzer-Ehepaar von The Farmer & The Cook

Wie kam es zu The Farmer & The Cook?

Die Idee ist 2001 beim Einkaufen in San Francisco entstanden, als wir feststellten, dass Bio-Tomate von der Farm unseres Freundes 9 Dollar kostete. Das war ein Schock. Olivia sagte damals zu mir: Wäre es nicht toll, eine ökologische Farm mit einem Restaurant zu bezahlbaren Preisen zu haben? Das war die Geburtsstunde von The Farmer & The Cook.

War es nicht mutig, ein solches Konzept in einem Vorort von Ojai zu eröffnen?

Oh, ja! Wir waren naiv. Die ersten Jahre ging es sehr schleppend, denn es gab keinen Grund nach Meiners Oaks zu kommen, außer um einen Smog-Test zu machen oder die Pferde zu füttern. Das hat sich mit der Biowelle und dem bewussten Lifestyle schlagartig geändert. Heute stehen unsere Gäste hier Schlange und kommen Dank Internet von überall her.

Und während Olivia in der Küche steht, sind Sie draußen auf dem Feld?

Ich bin hier und dort. Unsere Farm Rancho del Pueblo ist nur zwei Meilen vom Restaurant entfernt. Morgens hole ich mir hier als erstes einen Kaffee, bin dann auf der Farm, mittags wieder hier und unterhalte mich mit den Gästen, schließlich kenne ich so gut wie jeden. Es gibt immer was zu tun und wir freuen uns auch über Helfer auf der Farm. Wer am Vormittag für drei Stunden auf der Farm mitarbeitet, bekommt mittags ein kostenloses Lunch bei Farmer & The Cook. Und sonntags sind wir dann mit unseren Salaten und Gemüse auf dem Farmersmarket in Ojai.

☞ Meditation Mount

Der Meditation Mount ist eine Ruheoase in idyllischer Lage inmitten von Orangenplantagen und Weinhängen am östlichen Ende des Ojai Valleys. Nach 10 Minuten Fußweg bergauf kommt man durch ein wunderschönes holzgeschnitztes Tor und ist im Garten der Stille, seit 1971 ein Pilgerort für Yogis, Gurus und alle anderen, die mal abschalten wollen. Ob bei spirituellen Kursen oder Vollmondmeditationen und auch bei den atemberaubenden Blicken ins Ojai-Tal. Kommen Sie eine halbe Stunde vor Sonnenuntergang und genießen Sie, wie die pinkfarbene Sonne hinter den Bergen versinkt.

Adressen: 10340 Reeves Rd, Ojai, CA 93023
Tel: +1 805 646 5508, Internet: meditationmount.org
Öffnungszeiten: Mittwoch – Sonntag 8.00 Uhr bis Sonnenuntergang

☞ Bart's Books

Eine weitere Institution in Ojai ist der Bookstore Bart's Books und ein absolutes Muss für Buchliebhaber. Was Richard Bartinsdale vor 50 Jahren in seinem Privathaus begonnen hat, ist heute, mit fast einer Million Bücher und einer California Collectors Section inklusive, die größte Sammlung des Landes. Besonders charmant ist die Location zwischen Zitronenbäumen und Palmen, hier macht das Stöbern gleich doppelt soviel Spaß. Sogar an den Außenwänden sind Regale voller Bücher angebracht, und hat der Book Store schon geschlossen, kann man das Geld einfach in eine Art Honesty-Briefkasten werfen.

Adresse: 302 W Matlija St, Ojai, CA 93023
Tel: +1 805 646 3755, Internet: www.bartsbooksojai.com
Öffnungszeiten: Täglich 9.30 Uhr bis Sonnenuntergang

ENCHILADAS DE PLAZA
Notice
Health Inspection Report
is available here for review
upon request

LA SUPER RICA

Die Fernsehköchin Julia Child (1912-2004), in den USA eine solche Ikone, dass Meryl Streep sie in dem Film „Julie & Julia“ spielte, hat diese Taqueria berühmt gemacht. Ausgerechnet. Denn Childs brachte schließlich die raffinierte französische Küche nach Amerika. Doch als sie Ende der 90er-Jahre erstmals in diesem Taco Kiosk mit kleiner Terrasse und Plastikstühlen aß, war es um sie geschehen. Die Frische der Tortillas deren Teig bis heute Tag für Tag und von Hand geknetet wird, verwandelt die Tacos, Gorditas, Enchiladas und Burritos in Köstlichkeiten. Auch deshalb steht vor dem türkis-weiß gestrichenen Holzhäuschen immer eine Schlange, geduldig wartet eine bunt gemischte Schar schon vor 11 Uhr auf ihr frühes Lunch.
Bei La Super Rica geht es locker zu. Die Atmosphäre ist authentisch und verströmt herrlich einfaches Imbiss-Feeling. Man zahlt, bekommt eine Nummer und während man wartet, läuft einem schon das Wasser im Mund zusammen, denn so gut duftet es dort. Selbstgemacht und ein Erlebnis ist auch die grüne Chili Sauce, am besten mit den Tacos de Rajas zu genießen oder mit dem Super Rica Special mit gerösteten Chilis, Rajas und Käse. Dazu gibt es Gemüse-Tamales, zahlreiche vegetarische Tacos und schön schlicht gegrillte Chilis. Die Portionen sind groß, das meiste kostet weniger als vier Dollar und alles ist perfekt zum Teilen. Bestellen Sie ein paar extra Tortillas dazu und eine hausgemachte Horchata.

13 La Super Rica Adresse: 622 N Milpas St, Santa Barbara, CA 93103
Tel: +1 805 963 4940 Internet: www.facebook.com/lasuperricataqueria/
Öffnungszeiten: Sonntag – Donnerstag 11.00 – 21.00 Uhr,
Freitag und Samstag 11.00 – 21.30 Uhr, Mittwoch geschlossen

LA SUPER - RICA

SPECIALS
TAMAL DE VERDURAS - Vegetable tamal filled w/chayote, corn, zucchini, potato, chile pasilla strips, cheese. Topped w/a cream sauce
CHILE RELLENO DE QUESO CON CREMA - Cheese Chile Relleno topped w/ cream sauce
ARROZ A LA MEXICANA - Mexican-style rice
Tender strips of grilled steak served on two homemade tortillas 2.50
Grilled strips of top round served on two homemade tortillas 2.50
Chunks of grilled chorizo served on two fresh homemade tortillas
Grilled cheese between two homemade corn tortillas 1.55
Grilled chorizo w/melted cheese served between two homemade tortillas 3.50
Grilled marinated pork with melted cheese between 2 corn tortillas 3.50
Grilled chicken breast with melted cheese between 2 corn tortillas 3.50
19) Frijol Super-Rica Cooked pinto beans with chorizo, bacon and chile w/2 corn tortillas 2.55
20) Gordita de Frijol Handmade thick corn tortilla filled w/spicy ground beans 2.35
Aguas Frescas
Sodas, Milk
Coke
Diet Coke
7 UP
Domestic 2.50
Bud
Bud Light
Coors Light
O'doul's
Cerveza
Mexican 3.00
Corona
Pacifico
Bohemia
Tecate
Negra Modelo
Dos Equis

THE LARK

Mit The Lark ist Santa Barbara am Puls der Zeit. In dem großzügigen und modern eingerichteten Restaurant in der hippen Funk-Zone, wo sich immer mehr Galerien eröffnen, Surf-Shops untergebracht sind und neue Food-Konzepte entstehen, trifft sich ein gemischtes Publikum aus Locals, Touristen und Foodies und herrscht lebendige Ausgehstimmung.
Von der Bar und dem langen Gemeinschaftstisch hat man einen freien Blick in die offene Küche und auf das geschäftige Treiben. Wer es ruhiger mag, reserviert eine der gemütlichen Nischen oder einen Tisch im Garten. Serviert wird amerikanisches Comfort Food von Chef Jason Paluska, von Farm, Ranch und Ocean und mit einem Geschmack, der in Erinnerung bleibt. Eher langweilige Gerichte wie überbackener Blumenkohl werden im Lark zum Gourmet Highlight mit Suchtpotential. An der Bar snackt man zu Cocktails die in Marmeladengläsern serviert werden, Popcorn, das mit Rosmarin, Petersilie und Grapefruitschale aromatisiert ist. Untergebracht in den ehemaligen Fischmarkt-Hallen befindet man sich in guter Gesellschaft. Granola, Sandwiches, Holzfeuer-Pizza und guten Kaffee gibt es im hippen Lucky Penny Coffee Shop nebenan und bei Les Marchands kann man ausgesuchte lokale Weine kaufen. The Lark hieß übrigens der schicke Pullman Zug der Southern Pacific Railroad, der Santa Barbara von 1910 bis 1968 angesteuert hat.

14 The Lark Adresse: 131 Anacapa St, Santa Barbara, CA 93101
Tel: +1 805 284 0370 Internet: www.thelarksb.com
Öffnungszeiten: Dienstag – Sonntag 17.00 – 22.00 Uhr

☞ Sama Sama

Sama Sama heißt „Willkommen“ auf indonesisch und so fühlt man sich hier auch, im Herzen der State St gleich neben dem Granada Theater. Die minimale Ästhetik der Einrichtung ist ein schöner Kontrast zu den farbenfrohen, geschmackvollen Gerichten. Chef Ryan Simorangkir serviert typisch indonesische Gerichte mit den Zutaten lokaler Farmer wie den köstlichen Gado Gado Farmers Salad, Tempe Tacos mit frischem Koriander oder Jakobsmuscheln-Porridge mit scharfen grünen Gemüsen, Chili und Zitronengras. Wer mag kann auch einfach nur Cocktails an der Bar trinken.

Adresse: 1208 State St, Santa Barbara, CA 93105
Tel: +1 805 965 4566, Internet: samasamakitchen.com
Öffnungszeiten: Dienstag – Donnerstag und Sonntag 17.00 – 22.00 Uhr
Freitag – Samstag 17.00 – 23.00 Uhr, Montag geschlossen

☞ Weitere Lieblingsadressen Santa Barbara

Tyger Tyger – In Santa Barbaras Funk-Zone, inspiriert von den Straßenküchen in Vietnam und Thailand mit integriertem Coffee Shop.

Adresse: 121 East Yanonali St, Santa Barbara, CA 93101, Tel: +1 805 880 4227
Internet: tygertygersb.com, Öffnungszeiten: Sonntag – Donnerstag
11.00 – 21.00 Uhr, Freitag und Samstag 11.00 – 22.00 Uhr

Helena Avenue Bakery – Santa Barbara's Bakery, die Brote, Süßes und Salziges für Lucky Penny, The Lark und andere Cafés und Restaurants in ganz Santa Barbara bäckt.

Adresse: 131 Anacapa St, Suite C, Santa Barbara, CA 93101
Tel: +1 805 880 3383, Internet: helenaavenuebakery.com
Öffnungszeiten: Täglich 7.00 – 15.00 Uhr

Ah Juice Organic Café – Lust auf etwas Gesundes? Ah Juice has it all. Kalt gepresste Säfte, Chia-Pudding, Smoothies, Matcha und Adaptogenic Lattes, täglich wechselnde Suppen und Kichari.

Adresse: 432 E Haley St, Santa Barbara, CA 93101, Tel: +1 805 698 5443
Internet: ahjuice.com, Öffnungszeiten: Montag – Freitag 7.30 Uhr – 17.30 Uhr,
Samstag 9.00 – 16.00 Uhr, Sonntag geschlossen

The French Press – Köstlicher Kaffee vom lokalen Röster Dune, dazu hausgemachtes Gebäck und die praktische Lage zum Farmers Market (Dienstag und Donnerstag).

Adresse: 528 Anacapa St, Santa Barbara, CA 93101, Tel: +1 805 962 7733
Internet: www.dunecoffee.com, Öffnungszeiten: Montag – Samstag
6.00 Uhr – 19.00 Uhr, Sonntag 7.00 – 19.00 Uhr

DART
COFFEE CO.
YANONALI ST., SB, CA
DIEDRICH

OFFICE

☞ Agave Inn

Wer modern und preiswert übernachten möchte, der wohnt am besten im Agave Inn. Kenny Osehan & Chris Sewell, die auch das Rancho Inn in Ojai führen, haben aus dem alten Motel ihrer Eltern ein Hipster Boutique Motel gemacht: Stylische Zimmer mit bunten mexikanischen Decken auf weißer Bettwäsche und mexikanischen Filmpostern an den Wänden, freundlicher Service und dazu die neuesten Ausgehtipps in Santa Barbara.

Adresse: 3222 State St, Santa Barbara, CA 93105
Tel: +1 805 687 6009, Internet: agaveinnsb.com
Preise: DZ ab $69

☞ Alamo Motel

Auch wenn das Alamo Motel, auf den ersten Blick etwas unscheinbar wirkt, es überrascht als ein liebevoll renoviertes Szene-Motel und gehört zur Shelter Social Club Family. Die rustikal-minimalistischen Zimmer sind im Shabby Chic eingerichtet, wer möchte kann auch ein Zimmer mit kleiner Kochnische haben und die Lage könnte auch nicht besser sein: mitten in Los Alamos, wo Cafés, Restaurants oder Bars zu Fuß erreichbar sind. Lieblings-Tipps sind Pico zum Abendessen und Plenty on Bell zum Frühstück.

Adresse: 425 Bell Street, Los Alamos, CA 93440,Tel: +1 805 344 2852
Internet: www.rememberthealamomotel.com
Preise: DZ ab $89

☞ San Ysidro Ranch

Luxuriös wohnt man auf der San Ysidro Ranch, einem idyllischen Hideaway mit Zitronenfarm, Öko-Garten, 30 km langen Wanderwegen in bester Lage auf dem Berg von Montecito. Wohnten hier einst Audrey Hepburn und Winston Churchill, übernachten heute Promis wie Gwyneth Paltrow und in den gemütlichen Landhäusern mit Kamin, Kronleuchtern, Garten und Whirlpools. Hier werden nicht nur Stars, sondern auch deren vierbeinige Freunde verwöhnt, mit speziellen Hundebehandlungen und Massagen im Hotelzimmer. Die beiden Restaurants Plow & Angel und Stonehouse servieren köstliches Farm-to-table-food aus dem eigenem Anbau.

Adresse: 900 San Ysidro Ln, Montecito, CA 93108
Tel: +1 805 565 1700 Internet: www.sanysidroranch.com
Preise: Cottage ab $ 595

☞ El Capitan Canyon

El Capitan Canyon liegt direkt an der südkalifornischen Küste, nur einen Katzensprung von Santa Barbara entfernt, und bietet Camping Deluxe. Man übernachtet in rustikal-charmanten Zedernholzhütten, Safarizelten oder Jurten, allesamt mit Kochnischen und Bad ausgestattet und im Canyon Market & Deli kann alles, was man an Lebensmitten braucht, eingekauft werden. Es gibt sogar ein eigenes Spa-Zelt, in dem man sich mit Massagen verwöhnen lassen kann. Zum Strand kommt man mit dem Beachcruiser und die schönste Nacht ist der Samstag – da gibt es ein köstliches BBQ sowie Blues und Jazz unter kalifornischem Sternenhimmel am Lagerfeuer.

Adresse: 11560 Calle Real, Santa Barbara, CA 93117
Tel: +1 805 685 3887, Internet: www.elcapitancanyon.com
Preise: Safari-Zelt ab $ 155, Cedar cabin ab $ 225

SUMMERLAND ANTIQUE COLLECTIVE

Die schönsten Antiquitäten an der Westküste kann man in Summerland finden, einem kleinen Dorf im New England Style mit Hanglage, Dorfkirche, Ocean View und Hippie-Vergangenheit. Auf der Lillie Avenue, der Hauptstraße des Dorfes, reiht sich ein Antiquitäten Store an den nächsten. Von amerikanischer Folk Art über provenzalische Landhausschätze bis zu Heilkristallen gibt es hier einfach alles, was man sich vorstellen kann.
Die vielseitigste Auswahl hat das Summerland Antique Collective, das ein wenig abseits auf dem Ortega Hill liegt. Hier präsentieren 30 Aussteller ihre einzigartigen Sammelsurien, in mehreren Räumen liebevoll arrangiert, darunter wunderschöne Möbel im Marie-Antoinette-Stil, antike Vogelkäfige, ausgesuchtes Geschirr, ausgefallener Vintage-Schmuck, Buddhafiguren, Gemälde, Vasen, Lampen und viele andere ungewöhnliche Kleinigkeiten, sodass es Antiquitätenliebhabern nicht schwer fällt, hier gleich mehrere Stunden zu verbringen. Auch weil der Service sehr freundlich und persönlich ist und die Preise angemessen.

15 Summerland Antique Collecticve Adresse: 2192 Ortega Hill Rd, Summerland, CA 93067 Tel: +1 805 565 3189
Internet: www.summerlandantiquecollective.com
Öffnungszeiten: Täglich 10.30 – 17.30 Uhr

☞ The Sacred Space

The Sacred Space sticht im kalifornischen Summerland heraus, erinnert die Location doch mehr an ein balinesisches Retreat. Zur Begrüßung wird Tee gereicht, es spielt spirituelle Musik, es duftet nach Palo Santo und im idyllischen Garten mit Seerosenteich kann man relaxen oder in Pavillons meditieren. Rose und Jack Herschorn haben von ihren Reisen handverlesene Objekte wie Heilkristalle, tibetanische Altarstücke, Buddhafiguren, ausgefallenen Schmuck und Bücher zusammengetragen und in ihrem Zufluchtsort liebevoll arrangiert mit kleinen Zetteln, auf denen die Bedeutungen stehen. Zu ihren Kunden zählen Celebrities und spirituelle Größen wie Eckhart Tolle und der Dalai Lama.

Adresse: 2594 Lillie Ave, Summerland, CA 93067
Tel: +1 805 565 5535, Internet: www.thesacredspace.com
Öffnungszeiten: Täglich 11.00 – 17.00 Uhr

Gene Autry Trail

DESERT MAGIC – PALM SPRINGS UND JOSHUA TREE

Schon die Ankunft in Palm Springs ist spektakulär. Hunderte Windräder tanzen vor dem dramatischen Mount San Jacinto in der Sonne und dazu reihen sich die Palmen auf dem prächtigen Palm Canyon Drive aneinander so weit das Auge reicht. Schon seit den 20er-Jahren vergnügen sich in dem legendären Ferienort am Rande der südkalifornischen Wüste Sternchen und vor allem Stars, er ist fest verbunden mit Namen wie Frank Sinatra, Dean Martin oder Cary Grant und bis heute gehören Swimmingpools und Cocktails zum Lifestyle. Möchte man etwas unternehmen, kann man sich schicke Mid-Century-Häuser anschauen, Vintage-Möbel shoppen, im San Jacinto Park hiken gehen oder im nahegelegenen Desert Hot Springs in den berühmten heißen Quellen relaxen. Fährt man auf dem 29 Palms Highway tiefer in die Wüste hinein, kommt man nach Joshua Tree mit seinem Nationalpark, einem magischen, friedvollen Ort, dessen Vegetation einen vor Schönheit fast den Atem nimmt und in eine Art Dauermeditationsgefühl versetzt. Ob man auf Felsen herumklettert, ein Sound Bath im Integration Dome nimmt oder sich in Noah Purifoy's Outdoor Museum inspirieren lässt. Für Wild-West-Feeling sollte man einen Abstecher nach Pioneertown machen, einer Kulisse zahlreicher Westernfilme und im Kultrestaurant Pappy & Harriet's einkehren. Gerade mal zweieinhalb Autostunden von L.A. entfernt ist die Wüste für viele ein beliebtes Wochenend-Get-away von der Großstadthektik. Die schönste Reisezeit ist von Oktober bis Mai, denn in den Sommermonaten, vor allem im August, ist es mit über 40 Grad unerträglich heiß.

ACE
HOTEL &
SWIM CLUB
AND
THE AMIGO
ROOM &
the COMMUNE
AND King's
Highway
AND
EVERY
12
SECONDS
SOMEONE
REMEMBERS
THAT WE'RE
All in This
Together
ACE
HOTEL &
SWIM CLUB

ACE HOTEL & SWIM CLUB

ACE HOTEL & KING'S HIGHWAY DINER

Ein Lieblingsort in einmaligem Wüsten-Setting mit Sonne, Pool und Palmen und ohne, dass man auf seinen gewohnten City-Lifestyle verzichten muss. Die Ace Hotel Group hat eine 60er-Jahre Motelanlage zu einem hippen, coolen Hangout in Palm Springs verwandelt, wo Innen und Außen wunderbar ineinander übergehen und man sich in Hängematten aalen und massieren lassen oder bis nachts um zwei Uhr noch im Pool baden kann.
Das King's Highway Diner serviert köstliches Comfort Food und Gesundes wie erfrischendes Ceviche oder Farro Salat mit Cranberries und Pistazien oder Kale Salat mit Datteln und gerösteten Mandeln direkt an den Pool. In der Amigo Bar legen DJs auf oder laufen Filmscreenings.
Am Wochenende, vor allem zur sonntäglichen Poolparty, ist hier eine großartig ausgelassene Stimmung und während des jährlichen Coachella-Musikfestivals im April wird das Ace zum Festival-Party-Venue. Wer es etwas ruhiger mag, kommt besser unter der Woche.

16 Ace Hotel & King's Highway Diner Adresse: 701 E Palm Canyon Dr, Palm Springs, CA 92264 Tel: +1 760 325 9900
Internet: www.acehotel.com/palmsprings Preise: DZ ab $189
Öffnungszeiten: King's Highway Diner: Sonntag – Donnerstag 7.00 – 23.00 Uhr, Freitag und Samstag 7.00 – 2.00 Uhr

SCOOTER RENTAL

☞ Sparrows Lodge

Die Sparrows Lodge ist ein wunderbarer Rückzugsort aus den 1950er-Jahren. Ursprünglich von MGM-Schauspieler Don Castle und seiner Frau Zetta als Castle Red Barn gebaut, war es einer der ursprünglichen Erholungsorte der Hollywood-Elite und trägt immer noch sein Flair.

Am Straßenrand wird man mit einem einfachen Schild mit zwei Spatzen begrüßt. Im Innern strahlt die Lodge eine moderne, rustikale Atmosphäre aus mit 20 gemütlichen Zimmern, einer Art Gemeinschaftsscheune, einer Feuerstelle, einem Gemüsegarten im Freien und einem Pool. Die Zimmer mit freiliegenden Balkendecken, rotbraunen Wänden oder Betonböden mit eingelegten Kieselsteinen sind ausgestattet mit Schmetterlingsstühlen, Schweizer Armeedecken, die auf Plüschmatratzen liegen, und anstelle von Schränken findet man schlichte Haken. Durch die Lodge zieht sich eine Sammlung von besonderen Kunstwerken, einschließlich Arbeiten von Ruscha, Kelly, Katz & Baldessari.

Wer nicht als Gast in der Sparrows Lodge wohnt, kann trotzdem zum Lunch oder auf einen Drink vorbeikommen und köstliche Snacks wie Flatbread, Barn Kitchen Hummus, Avocado Toast oder den Barn Burger genießen. Regelmäßig werden auf Vorbestellung Family Style Dinners an der langen Tafel im Garten gehostet.

Abends versammeln sich die Gäste um den Kamin und genießen den klaren Sternenhimmel in der Wüste.

Adresse: 1330 E Palm Canyon Dr, Palm Springs, CA 92264
Tel: +1 760 327 2300
Internet: sparrowslodge.com
Lunch: 11.00 – 18.00 Uhr
Preise: DZ ab $ 159

KORAKIA PENSIONE

Die Korakia Pensione thront wie ein kleines Königreich mitten in der unvergleichlichen Landschaft von Palm Springs. Die Gäste wohnen entweder in der marokkanischen oder in der mediterranen Villa, die über eine Straße miteinander verbunden sind. Ein Traumareal, umrahmt vom Canyon und den hochgewachsenen Palmen. Die Gäste chillen in den verschiedenen Lounge Areas oder am beheizten Pool, der nachts von kleinen Laternen beleuchtet wird, lauschen dem Plätschern der Brunnen oder versinken in einem Buch aus der Bibliothek. 28 individuell eingerichtete Suiten und Gartenhäuser bieten viel Platz, Queen-Size-Betten, Kamin, hohe Holzdecken und natürlich die charakteristischen mediterranen Steinböden, die das ganze Areal durchziehen. Selbstverständlich zelebriert auch die Korakia Pensione den Palm-Springs-Kult um Marilyn Monroe, die sich so oft in den Wüstenort zurückgezogen hat – im Sommer schwebt sie jeden Abend über die Leinwand des kleinen Open-Air-Kinos, das ausschließlich Filmklassiker zeigt. Das amerikanische Frühstück wird im idyllischen Hof der Hauptvilla unter Schatten spendenden Orangenbäumen serviert. Tagsüber kann man mit einem der Fahrräder bequem Downtown Palm Springs erkunden. Und abends, müde und erholt, Minztee trinken, Ingwerkekse und Pinienkerne knabbern und vergessen, dass es so etwas wie Alltag gibt.

17 Korakia Pensione Adresse: 257 S Patencio Rd, Palm Springs, CA 92262
Tel: +1 760 864 6411 Internet: korakia.com
Preise: DZ ab $ 199

PARKER

THE PARKER

Eine Location, die genau das erfüllt, was man vom alten Palm Springs erwartet: purer Luxus kombiniert mit lässigem Vintage-Style und dabei stilsicher auf den Punkt gebracht. Im großen Außenbereich, in der Lobby und den Zimmern treffen Gäste auf eine wilde Mischung aus Ritterrüstungen, dänischen Vasen, Design-Klassikern wie Eames-Stühlen, atelierartiger Architektur und mediterranen Lounge-Areas – Grandhotel-Flair für Hippies. Das schlägt einem schon am Eingang entgegen, kaum tritt man durch die große orangefarbene Tür, ist einem klar, dass man an einem ganz besonderen Ort ist. Zuerst sollte man ausgiebig das Areal erkunden: den Pool, den großen Garten mit seinen versteckten Liegestühlen unter Palmen, den Kamin unter freiem Himmel, den Boule- und Tennisplatz, die pompöse Bar, die großen Speisesäle. Und vor allem die Speisekarte, denn für uns ist The Parker die erste Adresse zum Essen in Palm Springs und besonders schön kann man das auf der idyllischen Gartenterrasse vom Norma's. Hier kann man auf bunten Kissen unter Schatten spendenden Baldachinen den ganzen Tag frühstücken, von Super Blueberry Pancakes bis zu Egg Benedict, außerdem gibt es Lunch und abends Norma's Night Menu, das von Cheeseburgern über Magic Mushrooms zu Lobster reicht. Möchte man es etwas verruchter, taucht man ins Mr. Parker ab und genießt bei Dämmerlicht und auf dunklen Ledergarnituren schickes Bistrofood.

18 The Parker Adresse: 4200 E Palm Canyon Dr, Palm Springs, CA 92264
Tel: +1 760 770 5000 Internet: www.theparkerpalmsprings.com
Preise: DZ ab $ 325 Öffnungszeiten Norma's: Täglich 7.00 – 15.00 Uhr und 17.00 – 22.00 Uhr

WORKSHOP
KITCHEN + BAR

WORKSHOP KITCHEN

Ein Ort, der perfekt in das Palm Springs des schlicht stylischen Modernismus passt und sich gleichzeitig wohltuend abhebt. Die Workshop Kitchen erinnert mit ihren extrem hohen Decken, den massiven Dachbalken an eine moderne Kathedrale, die auf prunkvollen Schick zu verzichten weiß. Das sakrale, schlichte Design ist ein perfekter Kontrast zu der schieren Größe der Räume, ebenso wie die in dunkles Metall gefassten Glühbirnen, die an langen Strippen von der Decke hängen. Große, helle Sichtbetonwände geben dem Raum Struktur und an den Seiten entstehen so kleine Nischen, in denen die Gäste Platz nehmen, die es etwas privater haben wollen. Die anderen speisen an einer zehn Meter langen Tafel – das Abendmahl-Motiv in einer überbordenden und modernen Variante. Serviert wird den Jüngern ebenso zeitgemäßes: Die Küche ist, im Gegensatz zu den sonst eher provinziellen Restaurants auf dem Palm Drive, angenehm frisch und modern und eingekauft wird dafür bei lokalen Farmern, die für tolle Produkte sorgen. Ein Klassiker zum Teilen ist das gegrillte Huhn mit rotem Salbei-Quinoa und Kürbisgemüse. Man kann aber auch nur auf einen Drink vorbeikommen, z.B. einen original Martini, der hier nach einem New Yorker Rezept von 1911 gemixt wird oder einem Painkiller mit Rum, frischem Orangen – und Ananassaft und hausgemachter Kokosnuss-Creme.

19 Workshop Kitchen Adresse: 800 N Palm Canyon Dr, Palm Springs, CA 92262 Tel: +1 760 459 3451 Internet: workshoppalmsprings.com
Öffnungszeiten: Montag – Donnerstag 17.00 – 22.00 Uhr,
Freitag und Samstag 17.00 – 23.00 Uhr, Sonntag 10.00 – 14.00 Uhr

☞ Weitere Lieblingsadressen

Kreem – Köstliches, hausgemachtes Bio-Eis mit wechselnden Sorten wie Matcha, Kurkuma Ingwer, Mint Chip oder Schokolade mit Graham Crackern und gerösteten Marshmallows. Dazu gibt es Heart Coffee aus Portland und selbst gemachte Mandelmilch. Probieren Sie einen Affogato mit dem Eis Ihrer Wahl.

Adresse: 8822, 170 E Palm Canyon Dr, Palm Springs, CA 92264
Tel: +1 760 699 8129, Internet: ilovekreem.com, Öffnungszeiten: Sonntag – Donnerstag 11.00 – 21.00 Uhr, Freitag und Samstag 11.00 – 22.00 Uhr

Birba – Wer Lust auf italienisches Essen verspürt, ist bei Birba richtig. Fast völlig im Freien gelegen, kann man auf der Terrasse im schicken, doch bodenständigen Ambiente italienische Pasta, Pizza, delikate Salate und Secondis genießen. Die Pizza gibt es sogar glutenfrei und mit Blumenkohl-Kruste. Nach dem Essen kann man den Abend gemütlich an der Bar mit einem Lavender Collins ausklingen lassen.

Adresse: 622 N Palm Canyon Dr, Palm Springs, CA 92262,
Tel: +1 760 327 5678, Internet: www.birbaps.com, Öffnungszeiten: Dienstag bis Sonntag 17.00 – 23.00 Uhr, Freitag und Samstag bis 24.00 Uhr

Nature's Health Foods Café – Der Treffpunkt für alle, die Lust auf Gesundes verspüren, ob Kurkuma Wellness Shot, frischen Granatapfelsaft, grüne Smoothies, Acai Bowls, Salate oder Burritos. In traditionellem Old School Setting mit angrenzenden Health Foods Store, wo man sich gleich noch mit Produkten eindecken kann. Weitere gesunde Anlaufstellen in Palm Springs sind Raw Remedy Juice (116 La Plaza) und Chef Tanya's Kitchen (706 S Eugene Rd).

Adresse: 555 S Sunrise Way, Palm Springs, CA 92264, Tel: +1 760 323 9487
Internet: natureshealthfoodcafe.com, Öffnungszeiten: Montag – Freitag 7.00 – 19.00 Uhr, Samstag und Sonntag 8.00 – 18.00 Uhr

TWO BUNCH PALMS

Two Bunch Palms ist eine Retreat-Institution in Desert Hot Springs und bekannt für seine Heilbehandlungen und das Mineralwasser, das aus einer 600 Jahre alten natürlichen Quelle fließt und in seiner einzigartigen Zusammensetzung berühmt für seine heilenden und regenerierenden Eigenschaften ist. Dabei wohnt man in modern und gemütlich eingerichteten Zimmern und Suiten, die von uralten Palmen und riesigen Tamarisken umgeben sind.
Neben den legendären Hotsprings, die man von morgens bis spätabends genießen kann, gibt es eine Auswahl an Spa-Behandlungen und ein kuratiertes Tages-Wellness-Programm aus Yoga, Sound Bath, Vollmond-Ritualen und Cacao-Zeremonien, so dass man hier so richtig von der Außenwelt abtauchen kann.
Das Restaurant Essence, von dem man weite Blicke in die schönste Wüstenlandschaft schweifen lassen kann, serviert ein Menu mit nachhaltiger, lokaler und saisonaler Küche und vielen vegetarischen und veganen Optionen. Dabei ist es alles andere als langweilig mit Kreationen wie Chlorophyll-Joghurt mit Früchten, Glutenfree Waffels, Avocado Toast oder Risotto aus braunem Reis.
Tipp: Sie können auch mit einem Tagespass in den Two Bunch Palms Spirit eintauchen und die Hotsprings genießen oder zum Lunch oder Dinner im Restaurant reservieren.

20 Two Bunch Palms Trail Adresse: Desert Hot Springs, CA 92240
Tel: +1 760 329 8791 Internet: twobunchpalms.com
Preise: DZ ab $ 285 inkl. Hotsprings

☞ Miracle Manor

Auf der Spitze des Miracle Hills in Desert Hot Springs liegt dieses vor allem auch bei Designern und Architekten beliebte 50er-Jahre-Motel, bis 2018 war es in der Hand von Künstlerin April Greiman und Architekt Michael Rotondi. Die neue Besitzerin Angela Rutherford, der vorher ein Restaurant in Detroit gehörte, war nach einem Kalifornien-Trip magisch angezogen, hat ihr Leben um 180 Grad geändert und in der Wüste ein Boutique-Experience geschaffen mit Naturbettwäsche (Palo Sant) um die Energie zu klären, privaten Yogaklassen, einem besonderen Spa-Angebot und persönlichen Lieblinsgtipps in und um Desert Hot Springs. Hat man im Miracle Manor eingecheckt, geht es nur noch um Essentielles wie Essen, Trinken, Schlafen, Schwimmen, Lesen in natürlicher Schönheit und Ruhe. Einzigartig ist der Pool, der aus den berühmten Hot Springs gespeist wird, in der Temperierung einer eigenen Philosophie folgt und von dem aus man weite Blicke in die friedvolle Wüstenlandschaft hat. Die Sonnenaufgänge, bei denen der rote Ball langsam hinter dem gegenüberliegenden Berg aufsteigt, sind magisch. Das Miracle Manor ist wie ein Retreat – der perfekte Ort, um einmal einen Monat aus allem auszusteigen, sein Leben neu zu ordnen oder sein Drehbuch zu Ende zu schreiben, und das in ganz besonderer Atmosphäre. Wer einmal hier war, kommt immer wieder. Deshalb sollten Sie vor allem in der Hauptsaison rechtzeitig im Voraus reservieren.

Adresse: 12589 Reposo Way, Desert Hot Springs, CA 92240
Tel: +1 760 329 6641, Internet: www.miraclemanor.com
Preise: $ 210–259

☞ Hope Springs Motel

Ein Hideaway für coole Leute aus der Stadt, die lässiges Understatement und die typisch relaxte Pool-Atmosphäre zelebrieren wollen. Die drei warmen Mineral Water Pools bilden das Herz von Hope Springs. Die zehn Zimmer mit ihren großen Fensterfronten gruppieren sich drum herum. Deko-Schnickschnack sucht man hier vergeblich, hier wird der Fokus auf einzelne, geschmackvolle Accessoires und Designklassiker gelegt. Zum Beispiel auf die Knoll-Stühle in den Zimmern. Schön ist auch der alte, offene Indoor-Kamin und die Möglichkeit, Wellness-Anwendungen zu buchen.

Adresse: 68075 Club Circle Dr, Desert Hot Springs, CA 92240
Tel: +1 760 329 4003, Internet: www.hopespringsresort.com
Preise: DZ ab $ 150, Massagen ab $ 60

JOSHUA TREE PARK

Ein Ort wie nicht von dieser Welt: Im Joshua Tree Park zeigt sich die wilde, schroffe Wüstenlandschaft Südkaliforniens in ihrer ganzen Schönheit – und zwar auf fast 3200 Quadratkilometern. Die namensgebenden Joshua Trees teilen sich die riesigen Flächen mit faszinierenden Gesteinsformationen, die zerklüftet in den Himmel ragen und die Natur, die Weite und das Licht entfalten dabei eine meditative, fast schon spirituelle Wirkung. Vor allem, wenn weit und breit keine anderen Menschen zu sehen sind. Nicht überraschend also, dass der Park regelmäßig als Kulisse für Fashion- und andere Fotostrecken dient. Es lohnt sich, ausreichend Zeit einzuplanen. Dann kann man von einem der drei Eingänge mit dem Auto durch die sich von Westen nach Osten verändernde Landschaft fahren – im höher gelegenen Teil der Mojave-Wüste ist es kühler und feuchter und die Gipfel erreichen bis zu 1772 Meter. Noch besser ist es, Zeit für einen der Hikes einzuplanen. Die Klettertouren durch die Granitfelsen können zwischen 20 Minuten und mehreren Stunden dauern und bieten die perfekte Möglichkeit, richtig in die Natur einzutauchen. Neben den Palmen gibt es über 700 seltene Pflanzen und zahlreiche Tiere zu entdecken. Vor allem im Frühling und Sommer kann man nach Zugvögeln Ausschau halten. Magisch wird es zwischen März und April: Dann stehen die Joshua Trees in voller, leuchtend weißer Blüte.

21 Joshua Tree Park Adresse: Haupteingang: bei der Stadt Twentynine Palms, Westeingang: in Joshua Tree, Highway 62 und Park Blvd, Südeingang: in Cottonwood Springs Internet: www.joshua.tree.national-park.com Öffnungszeiten: rund um die Uhr

LA COPINE

Jeder weiß, dass die Gegend Yucca Valley eine der schönsten Getaways von LA ist. So ging es auch den La-Copine-Besitzerinnen Nikki und Claire. Kurzerhand haben sich die beiden in dieses Stück Erde verliebt und aus ihrem Philadelphia Pop Up wurde ein Restaurant direkt am Highway 247. Es ist kein Geheimnis mehr – hier wird weit und breit das beste Essen serviert. Aus allen Richtungen kommen die Foodie- Begeisterten zusammen, es ist ein bunter Mix aus Locals, Touristen, Truckern und Bikern, deren Herz für simple, aber gute Speisen schlägt. Die Speisekarte hat einen Touch von Middle East und California Coast sowie eine leichte Brise südlichen Charme. Die Zutaten stammen von lokalen Farmern.
Der samstägliche Brunch ist der absolute Renner, für den allerdings leider nicht reserviert werden kann. Doch der Parkplatz – auf dem auch gerne mal Vintage-Autos posieren – verrät bereits, wie hoch die Chancen auf einen Tisch sind.

22 La Copine Adresse: 848 Old Woman Springs Rd, Flamingo Heights, CA 92284 Yucca Valley Tel: +1 760 289 8537
Internet: www.lacopinekitchen.com
Öffnungszeiten: Donnerstag – Sonntag 14.00 – 19.00 Uhr

La Copine

INTEGRATRON

☞ Integratron

Wie ein gerade gelandetes Ufo sticht das leuchtend weiße Integratron aus der kargen Wüstenlandschaft hervor. Kein Wunder, denn der Energy Dom wurde in den 50er Jahren von Flugzeugmechaniker und Ufologe George van Tassel und angeblich unter Anleitung von Außerirdischen vom Planeten Venus erbaut, um die Zellen zu verjüngen. 2000 von drei Schwestern übernommen, werden in der Kuppel regelmäßig sogenannte Sound-Bäder angeboten. Der Verjüngungstrip mit Klangschalen aus Kristallquarz, die mit dem Raum resonieren und für hohe Vibrationen sorgen, dauert eine halbe Stunde, ist tiefenentspannend und soll alle Chakren ausbalancieren. Musiker, Yogis und Celebreties nehmen an dem Kraftort regelmäßig eine Session.

Adresse: 2477 Belfield Blvd, Landers, CA 92285, Tel: +1 760 3643126
Internet: www.integratron.com, Preise: $ 25pro Person

PAPPY & HARRIET'S

Wer nach Pioneertown kommt, erlebt Wild West Feeling mitten in der kalifornischen Wüste. Das Örtchen wurde 1946 als Filmkulisse erbaut und zieht heute, im Look fast unverändert, Menschen aus der ganzen Welt an. Kein Weg führt dabei am Pappy & Harriet's vorbei. Holzvertäfelte Decken und Wände mit Postern und Geweihen, ein Billardraum, eine Bar und vor allem die regelmäßigen Konzerte locken ein charmantes, buntes Publikum an. Das ganze Wochenende, teilweise auch unter der Woche, wird hier live gespielt, von Rock'n Roll über Folk bis Indie, vom Newcomer bis zu Musiker-Größen wie Devendra Banhart oder Vampire Weekend.
Auch das Essen lohnt sich, an großen Tischen wird Tex Mex Food serviert, zum Beispiel Burger, Tortillas und Guacamole, dazu gibt es große Fleischportionen und Steaks frisch vom Grill. Toll ist auch der Kale Salad und das Blue Moon Beer. Ideal nach einer Klettertour im Desert, um hier neue Kraft zu tanken. Sogar Angelenos nehmen zwei Stunden Fahrt in Kauf, um sich von der Stimmung mitreißen zu lassen. Die ehemaligen Inhaber hießen übrigens wirklich Harriet und Pappy. Nach dem Tod Pappys übernahmen 2003 die New Yorkerinnen Robyn Celia und Linda Krantz die Kultbar und haben offensichtlich alles richtig gemacht, denn der Laden brummt wie eh und je.

23 Pappy & Harriet's Adresse: 53688 Pioneertown Rd, Pioneertown, CA 92268
Tel: +1 760 365 5956 Internet: www.pappyandharriets.com
Öffnungszeiten: Donnerstag – Sonntag 11.00 – 2.00 Uhr,
Montag 17.00 – 2.00 Uhr (Küche bis 21.30 Uhr)

FLORES

EXIT
HOT BEER
LOUSY FOOD
BAD SERVICE
WELCOME
HAVE · A · NICE · DAY

PIONEERTOWN
MOTEL
5240
OFFICE

☞ Pioneertown Motel

Pioneertown ist eine Reise zurück in die Welt der alten Hollywood-Western. Und wer im stilechten Pioneertown-Motel eincheckt, die Beine auf der Holzveranda hochlegt und den Blick über die Wüste schweifen lässt, fühlt sich ganz schnell wie John Wayne. Kein Wunder, schließlich stiegen hier einst auch die Filmstars ab. Seither hat sich wenig verändert. Auf der Mane Street finden nachgestellte Schießereien statt, im Saloon nimmt man nach guter, alter Wildwest-Manier einen Drink und vor den malerischen Boutiquen sind noch immer die Gestänge zum Anbinden der Pferde zu finden. Die kleinen Zimmer sind ganz im Western-Stil eingerichtet, mit Holzböden, Pferdedecken auf den Betten und Vintage-Ventilatoren. Perfekt, um filmreife Wildwestluft zu schnuppern.

Adresse: 5240 Curtis Rd, Pioneertown, CA 92268
Tel: +1 760 365 7001, Internet: www.pioneertown-motel.com
Preise: $205 für 2 Personen pro Nacht

ESALEN
INSTITUTE
BY RESERVATION
ONLY
Celebrating 50 Years

VON BIG SUR NACH SAN FRANCISCO

Die Gegend um Big Sur, die „Coast der Superlative“, ist der aufregendste und romantischste Abschnitt des Highway No. 1. Wunderbar kurvig und über 120 km schlängelt sich die Küstenstraße zwischen dem prunkvollen Phantasieschloss Hearst Castle und dem Küstenstädtchen Carmel-by-the-sea an den majestätischen Santa Lucia Mountains entlang. Sie führt über historische Brücken, an Robben-Kolonien vorbei, durch tausend Jahre alte Redwood-Wälder und bietet atemberaubende Ausblicke und epische Schönheit. Big Sur ist kein „echter“ Ort, sondern eine Ansammlung von versteckten Häusern, Lodges, ein paar Restaurant-Hotspots, zahlreichen Wanderrouten und magischen Orten wie dem McWay Cove Waterfall, der aus 30 Metern Höhe in den Pazifik donnert, dem versteckten Pfeiffer Beach, den Mineralbädern von Esalen und jeder Menge Künstlervibe.

Die „Belle of the Bay“, wie San Francisco genannt wird, könnte nicht schöner liegen: an der nördlichen Spitze der Peninsula, umrahmt vom Pazifik, der Bay und der berühmten Golden Gate Bridge. Beschaulich und überschaubar in ihrer Größe und durch den Lebensgeist der San Franciscans offen und zugänglich, macht sie es Besuchern leicht, mit ihr in Kontakt zu kommen und ihren Spirit zu fühlen. Wenn die weiche Luft nach Sonne und Pazifik riecht und dazu die Möwen kreischend ihre Runden drehen. Wenn die Skyline mit der Transamerica Pyramid im goldenen Licht der kalifornischen Sonne glänzt oder schemenhaft im Nebel zu erahnen ist. Oder wenn man die steilen Straßen hoch und runter cruist und sich von einem der sieben Hügel atemberaubende Ausblicke und immer wieder neue Perspektiven auf die Stadt eröffnen.

DEETJEN'S

Ohne im traditionsreichen Deetjens gewesen zu sein, war man eigentlich nicht in Big Sur – oder hat zumindest etwas Großartiges verpasst. Verwunschen liegt das Kleinod mit seinen charmanten alten Holzhäusern in schönster Big Sur Kulisse mit zartrosa blühenden Magnolien und dem herzhaften Duft der Redwood-Bäume und ist das Herz der Gegend. Das wunderbare Fleckchen Land hat der Norweger Helmuth Deetjen zusammen mit seiner Frau bereits in den 1930er Jahren gekauft und fast genauso lange bietet es Big-Sur- Travellern ein Zuhause für eine Nacht. Die 20 gemütlichen Zimmer, die rustikalen Charme und die Romantik vergangener Zeiten ausstrahlen, sind auf verschiedene Häuser verteilt, haben allesamt keine Schlüssel, Fernseher geschweige denn Handyempfang und sind immer schon weit im Voraus ausgebucht. Berühmt ist Deetjen's aber auch für sein köstliches amerikanisches Frühstück mit Blueberry Pancakes, French toast, Egg Benedict oder Apfel-Zimt-Toast. Serviert wird es in der guten Stube, einem Ort voller Patina, mit Kaminfeuer, vielen alten Objekten und Details, frischen Blumen und klassischer Musik. Genießen Sie Karte und Atmosphäre, kommen Sie zumindest auf einen Kaffee, ein Frühstück oder Dinner vorbei. Praktisch ist auch, dass gleich hinter dem Haus ein 40-minütiger Wanderweg durch die Redwood-Wälder hindurchführt und zu einer Bank, von der man traumhafte Blicke auf die Küstenlandschaft hat.

24 Deetjen's Adresse: 48865 Highway 1, Big Sur, CA 93920
Tel: +1 831 667 2378 Internet: www.deetjens.com Preise: DZ $ 105–260
Öffnungszeiten: Restaurant: Frühstück: Montag – Freitag 8.00 – 12.00 Uhr, Samstag und Sonntag 8.00 – 12.30 Uhr, Dinner: Täglich 18.00 – 21.00 Uhr

CHATE
FIAS

GLEN OAKS

Das Boutique Motel Glen Oaks hat alles, was man sich für das perfekte Ferienleben im amerikanischen Sehnsuchtsstaat nur wünschen kann. Eine eigene Holz-Cabin in bester Lage inmitten riesiger Redwood-Bäume, umgeben von viel Grün und untermalt vom Rauschen des Big Sur Rivers. Passend zum äußeren Setting ist das Interieur gemütlich modern mit Erdfarben, Organic Cotton, warmen Licht, dicken Wolldecken und Kamin. Abends kann man bei einem Glas Pinot Noir über dem offenen Feuer Marshmallows am Spieß rösten und seine eigenen S'mores (eine beliebte süße amerikanische Spezialität, aus Marshmallows, Graham Crackers und ein paar Stücken Schokolade) kreieren, Scrabble spielen oder in Henry Miller's „Big Sur oder die Orangen des Hieronymus Bosch" lesen. Und am Morgen die klare frische Luft und den Duft der Redwoods einatmen. Zum Essen muss man sich praktischerweise gar nicht ins Auto bewegen, sondern kann einfach über die Straße zum Roadhouse, dem zum Motel gehörenden Restaurant, spazieren. Seit Sommer 2013 serviert der enthusiastische Koch Matt Glazer hier kalifornische Küche mit New-Orleans-Einschlag, hat dafür Rezepte seiner Großmutter transformiert und kennt alle Farmer und Produzenten der Region. Beliebt ist er für seine Breakfast Biscuits mit Sausages, das Oatmeal mit Fruchtkompott und die „slow cooked greens", die kalifornische Kale-Salad-Interpretation im New-Orleans-Stil.

25 Glen Oaks Adresse: 47080 Highway 1, Big Sur, CA 93920
Tel: +1 831 667 2105 Internet: glenoaksbigsur.com
Preise: DZ ab $ 175, Cabin ab $ 225
Öffnungszeiten: Big Sur Roadhouse: Täglich 8.00 – 14.30 Uhr

☞ Esalen

Ein unvergessliches Erlebnis ist ein nächtliches Mineralbad in den Hot Tubs von Esalen, die im Freien direkt an den Klippen zum Ozean liegen. In einer klaren Nacht hat man einen einmaligen Blick auf die starke Brandung unterhalb der Bäder und die funkelnden Sterne am Himmel. Reservieren kann man telefonisch und sollte in der Hauptsaison zwei bis vier Wochen im Voraus einplanen. Bucht man die berühmte, tiefenentspannende Esalen-Massage, eine Technik, die in den 60er-Jahren hier entwickelt wurde und auf sanften Bewegungen im Einklang mit der Atmung und dem energetischen Ausgleich des Körpers basiert, kann man die Hot Tubs vor und nach der Behandlung nutzen.

Adresse: 55000 Highway 1, Big Sur, CA 93920, Tel: +1 831 667 3000
Internet: www.esalen.org, Öffnungszeiten: Täglich 1.00 – 3.00 Uhr nachts
Preise: Night Hot Tubs $ 25, Massage & Hot Tubs $ 179

NEPENTHE

Seit Jahr und Tag wird das dramatische, hölzerne Haus, das Rowan Maiden, das ein Schüler von Frank Lloyd Wright entwarf, in einem Atemzug mit Orson Welles und Rita Hayworth genannt. Schließlich haben sie das Grundstück 1925 erworben, nachdem sie dort picknickten und die spektakuläre Aussicht genossen. Welles wollte dort ein Hide Away für seine Rita bauen, doch sie kehrten nie zurück und nach ihrer Scheidung 12 Jahre später kaufte die Familie Fassett es und machte daraus einen Open-Air-Pavillon mit Restaurant, Kaminfeuer und Vollmondparties. Die Panorama-Aussicht über die Monterey-Küste ist atemberaubend, die Atmosphäre durch mehr als 60 Jahre Tourismus etwas abgenutzt. Ein Blick hinein zu werfen – und vor allem auf das Meer das tief unten tost – lohnt sich aber. Am besten auf einen Martini zum Sonnenuntergang oder um den berühmten Ambrosia Burger zu probieren, der mit einer Tomaten-Chili-Mayonnaise und French Fries im Körbchen serviert wird.
Auf der Terrasse vom Café Kavah, das unter dem Nepenthe liegt, trifft man sich zum Brunchen zu Egg Benedict, den Ozean zu Füßen. Und im Phoenix, das einst das Wohnzimmer der Fassett's war, kann man heute Mitbringsel aus Big Sur, Kalifornien und der ganzen Welt kaufen, darunter Seifen und Inscents von Juniper Ridge, einem Designerduo aus Nordkalifornien oder den Bildband „My Nepenthe" mit Stories, Rezepten und Insights, den die Enkeltochter Romney Steele diesem magischen Ort gewidmet hat.

26 Nepenthe Adresse: 48510 Highway1, Big Sur, CA 93920
Tel: +1 831 667 2345 Internet: www.nepenthe.com
Öffnungszeiten: Täglich 11.30 – 16.30 Uhr und 17.00 – 22.00 Uhr

PHOENIX

Good
grammar
is sexy

Big Sur Bakery

BIG SUR BAKERY

Durch die Big Sur Bakery weht ein erfrischender Hauch von Urbanität. Mitgebracht haben ihn die drei Besitzer Michelle Rizzolo, Philip Wojtowicz und Mike Gilson. Nachdem sie jahrelang in renommierten Restaurants in L.A. gekocht haben, wollten sie ihr eigenes Restaurant eröffnen, am für sie schönsten Ort der Erde und mit der Mission langsamer zu machen und die Sinne wieder zu spüren („Slow down and come to our senses".)

Ab 8.00 Uhr morgens duftet es nach frisch gebackenen Brot, trifft sich die Big Sur Community an der Bar zu Kaffee und frisch gebackenen Scones, tauscht News aus, während der Barista einen perfekten Espresso Shot nach dem anderen zieht. Ausgiebiger frühstücken kann man an einem der Tische im Restaurant oder im idyllischen Garten, z.B. homemade Granola mit local honey, Avocado Sandwich mit dem tollen selbstgebackenen Sauerteigbrot oder zum Brunch am Wochenende die fluffigen Nine grain Pancakes. Abends geht es in der Bakery gemütlich zu, wenn die Tische in weiß eingedeckt sind, der Kamin brennt und im Holzofen Pizza gebacken wird. Legendär ist auch die Clam Showder und Michelle's Desserts, das Peppermint Ice Cream Sundae oder der Hazelnut Flan mit Kirschen. Man muss nur aufpassen, dass man an der Big Sur Bakery nicht vorbeifährt, liegt sie doch etwas versteckt hinter der charmanten alten Shell-Tankstelle und einzigen Tankmöglichkeit in Big Sur.

27 Big Sur Bakery Adresse: 47540 Highway 1, Big Sur, CA 93920
Tel: +1 831 667 0520 Internet: www.bigsurbakery.com
Öffnungszeiten: Café und Bäckerei täglich ab 8.00 Uhr,
Dinner: Mittwoch – Sonntag 17.30 Uhr – 20.30 Uhr

BIG
BAKER
OPEN
U.S.
MAIL
& LIPMAN
RESTR

BIG SUR
BAKERY &
RESTAURANT

☞ Pfeiffer Beach

Nicht einfach zu finden ist der Pfeiffer Beach. Kommt man von der Big Sur Bakery und fährt weiter Richtung Norden, geht etwa 7 Meilen hinter dem Post Office links eine Straße ab (Sycamore Canyon Rd.), nach ca. 2 Meilen kommt man zu einem Parkplatz und von dort aus führt ein kurzer Weg zur schönsten Sandbucht an der Big-Sur-Küste. Herrlich abgeschieden kann man hier die Kraft des Ozeans fühlen, wenn das Wasser gehen die Felsen klatscht, im Sand spazieren, meditieren und Sonne pur tanken. Atemberaubend sind die Sonnenuntergänge, nehmen Sie sich am besten ein Picknick von der Big Sur Bakery mit.

Adresse: Sycamore Canyon Road, Big Sur, CA 93920
Öffnungszeiten: Täglich 6.00 Uhr – 20.00 Uhr, Parkgebühr $ 5

THE PARSONAGE

Was gibt es Schöneres, als eine Stadt ganz nah am Alltag der Einheimischen zu erleben? Die erste Voraussetzung ist, dass Sie privat wohnen – und bei Joan Hull und John Phillips ist das möglich. Sie werden sich garantiert wie zu Hause fühlen, wenn Sie mit dem Schlüssel die Tür des altehrwürdigen Hauses öffnen, mit seinem über viele Jahre gewachsenen Ambiente aus alten Möbeln und besonderen Einzelstücken. Abends können Sie im mit Stil eingerichteten Living Room bei einem Glas Wein am flackernden Kamin ungezwungen ins Gespräch kommen. Als Joan und John das Haus vor 30 Jahren kauften, schlugen ihre Freunde die Hände über dem Kopf zusammen; sie konnten nicht glauben, dass die beiden sich in der ehemals heruntergekommenen Gegend wohlfühlen und dort glücklich werden könnten. „Wir waren damals die Einzigen, die den besonderen Spirit des Hauses gefühlt haben. Heute ist es eine wahre Perle im schönen Hayes Valley, und fünf der Zimmer teilen wir gerne mit unseren Gästen", sagt Joan Hull. In einem so gemütlichen Nest darf auch ein gutes mehrgängiges Frühstück mit frischem Obst, Granola und Pancakes mit Meyer Lemon nicht fehlen. Joan oder John bereiten es abwechselnd zu und servieren es persönlich; so stellt sich schon am ersten Tag der Wunsch ein, The Parsonage nie mehr verlassen zu müssen. Und auch den abenteuerlustigen Haushund Pilar nicht, der nach dem Boot des Schriftstellers Ernest Hemingway benannt ist, mit dem dieser in die Welt hinaussegelte.

28 The Parsonage Adresse: 198 Haight Street, Hayes Valley, San Francisco, CA 94102 Tel: +1 415 863 3699 Internet: theparsonage.com Preise: DZ $ 200 – 250 inkl. Frühstück

Ein Gespräch mit Joan Hull

Inn-Keeperin von The Parsonage

Wie sind Sie auf die Idee für The Parsonage gekommen?

Zuvor hatten wir 25 Jahre lang das Bed & Breakfast „Dancing Coyote Beach" an der Tomales Bay geführt. Dorthin kamen immer wundervolle Gäste, es hat uns sehr viel Spaß gemacht und wir haben jede Menge Erfahrung gesammelt.

Jetzt aber haben Sie Ihr eigenes Haus für Gäste geöffnet.

Ja, anfangs haben wir hier erst mal zwei Zimmer vermietet, mittlerweile sind es fünf. Das ist genau die richtige Anzahl, denn wir wollen es persönlich halten, jeden ansprechen, und mit maximal zehn Namen am Frühstückstisch ist das problemlos möglich.

Gibt es den typischen Parsonage-Gast?

In Hayes Valley leben viele junge Leute. Und wenn ihre Eltern zu Besuch kommen, dann wohnen sie hier. Das ist unsere schöne, selbst kreierte Nische.

Was macht eine gute Inn-Keeperin aus?

Es ist wichtig, selbst zu reisen. Denn dann weiß man, wie es ist, in einer fremden Stadt zu landen, mit Neugier aus dem Flugzeug zu steigen und voller Erwartung zu sein, wie das B & B ist, das man sich vorher zwar sorgsam ausgewählt hat, bei dem man aber dennoch unsicher ist, was genau einen erwartet. Die mürrischsten Inn-Keeper sind die, die nie ihr Haus verlassen.

Was lieben Sie an San Francisco?

Das Essen hier ist großartig und die Lebensqualität erst recht, denn wir sind an drei Seiten von Wasser umgeben. Als New Yorkerin hatte ich anfangs allerdings meine Schwierigkeiten, denn die Stadt war für mich der Mittelpunkt des Universums. Habe ich an Kalifornien gedacht, hatte ich unwillkürlich Venice Beach in L.A. im Kopf ... Doch wie anders es hier ist! Zwar reise ich mit meinem Mann immer wieder nach New York, aber mittlerweile bin ich sehr glücklich hier.

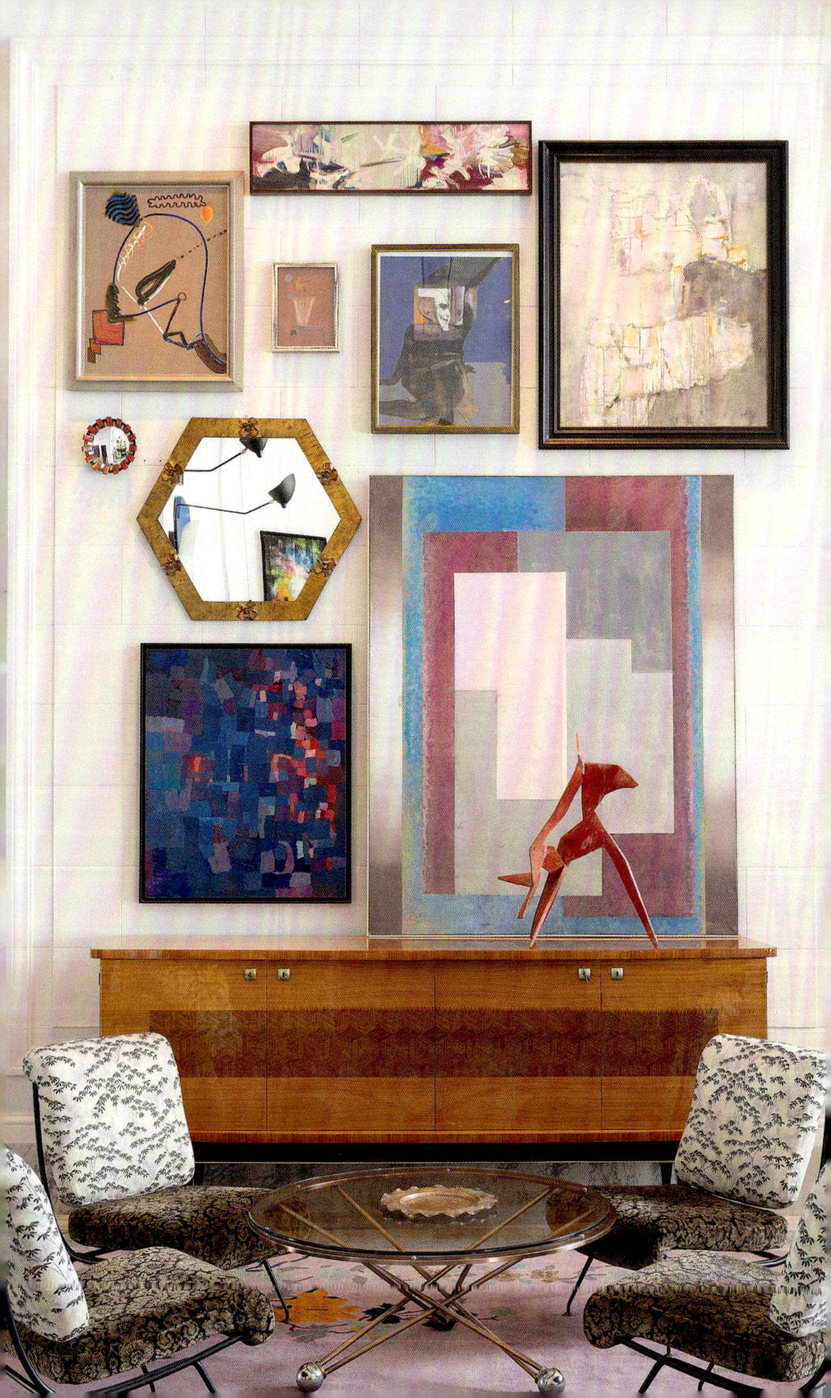

☞ Proper Hotel

Im Herzen der Market Street, wo Elite-Tech-Unternehmen verlassene Wahrzeichen bewohnen und Michelin-Köche hochwertige Fast-Food-Restaurants eröffnen, liegt das Proper Hotel in einem historischen Flatiron-Gebäude, das 1904 vom Pionier der luxuriösen Architektur der Beaux-Arts, Albert Pissis, erbaut wurde. Inspiriert von der Vergangenheit der Stadt und des Gebäudes hat die kalifornische Innenarchitektin Kelly Wearstler eine einladende, warme Atmosphäre geschaffen mit tiefen Farben, satten Texturen, klassischen Designstücken, Vintage-Möbeln und lokaler Kunst. Das Restaurant Villon ist ein beliebter Treffpunkt unter den Einheimischen. Bar und Lounge auf der Dachterrasse bieten einen grandiosen 360-Grad-Blick auf die Stadt.

Adresse: 1100 Market Street, San Francisco, CA 94102, Tel: +1 415 735 7777
Internet: www.properhotel.com/hotels/san-francisco, Preise: DZ ab $ 150

TARTINE MANUFACTORY

Die Eröffnung der Tartine Manufactory im Jahr 2017 war die gelungene Fortsetzung der Erfolgsgeschichte von Pastry-Chef Elisabeth Prueitt und Bäcker Chad Robertson, dem Besitzerpaar der legendären Tartine Bakery und Bar Tartine. Auf mehr als 450 qm im Mission District befinden sich hier Bäckerei, Café und Restaurant unter einem Dach – sowie die Produktion der kalifornischen Keramikmarke Heath Ceramics inklusive News Stand mit handverlesenen Magazinen und Büchern.
Wie die anderen Locations ist die Manufactory beliebter Treffpunkt von Freunden, Stammgästen und Liebhabern kalifornisch-europäischer Küche aus besten regionalen Zutaten der Saison. Der Auftakt mit einem Laib frisch gebackenem Sauerteigbrot und gesalzener Butter ist genauso auf den Punkt gebracht wie alles, was darauf folgt.
Die hohen lichtdurchfluteten Räume, der Blick in die Bäckerei, wo man beim Brotbacken zuschauen kann, und das offene Restaurant mit Bar-Tresen schaffen eine Wohlfühl-Atmosphäre und machen die Tartine Manufactory zu einem Lieblings-Ort, den man am liebsten morgens, mittags und abends aufsuchen möchte.
Seit 2019 gibt es Tartine Bianco mit einen beeindruckenden Café, Market und Restaurant in Downtown LA auf dem The ROW Gelände (787 S Alameda St, Unit 120, Los Angeles, CA 90021).

29 Tartine Manufactory Adresse: 595 Alabama St, San Francisco, CA 94110
Tel: +1 415 757 0007 Internet: m.facebook.com/sfmanufactory
Öffnungszeiten: Täglich 8.00 – 22.00 Uhr

☞ Plow

Bei diesem Lokal handelt es sich um die Breakfastination der Stadt, eine absolute Institution, was Frühstücken in San Francisco angeht! Das Plow liegt auf dem Portereo Hill und zieht vor allem am Wochenende die funky Nachbarschaft zum ausgelassenen Brunch mit Freunden an. Eine Wartezeit muss hier dementsprechend meistens leider eingeplant werden, doch jede Minute des Wartens ist Gold wert, schließlich entschädigen Brunch-Klassiker wie hausgemachtes Granola, Chia Pudding, fluffigste Limonen Ricotta Pancakes, French Toast, Avocado Toast mit pochierten Eiern und natürlich die fantastischen Plow Potatoes.

Adresse: 1299 18th St, San Francisco, CA 94107, Tel: +1 415 821 7569
Internet: www.eatatplow.com, Öffnungszeiten: Montag – Freitag
7.00 – 14.00 Uhr, Samstag und Sonntag 8.00 – 14.00 Uhr

plow

stone ground whole grain white wheat flour
stone ground whole grain
stone ground whole grain rye flour
STONE GR CORNMEAL
ANOLA
sunflower + sesame seeds, ornflakes, coconut, clove, olive oil, maple, sea salt $9.99
FRESHLY MILLED FLOUR
• whole white wheat • whole red wheat • whole rye
100% stone ground
2lb $4.99 / 5lb $9.99
GRIDDLE CAKE MIX
whole wheat flour, rye flour, oat flour, sunflower + flax seeds, cornmeal, millet, baking powder + soda, sea salt $7.99
CORNME
$7.99
K MOUNTAIN RYE
rye flour, sunflower/sesame/flax, cornmeal, sourdough culture, alt $7.99
ADVENTURE BRE
rolled oats, sunflower psyllium husk, almon maple syrup, sea salt
Bread of
Whole wheat flo sourdough cult
D FEAST
heat flour, wheat bread flour, er, flax, pumpkin seeds gh culture, sea salt $6.99
BLACK PEPPER PARMESAN
whole wheat flour, wheat bread flour, parmesan cheese, blackpeppercorn, sourdough culture, sea salt $3.99
RED, WHITE
whole wheat flo sourdough cult
GRAIN SESAME
heat flour, whole rye flour, seeds, sourdough culture, $6.99
WHOLE GRAIN WONDE
Whole wheat flour, whole sourdough culture, sea s
SPECTACULAR!
eat flour, wheat bread flour s, Jenny's spice blend, oat ourdough culture, sea salt $7.99
WONDER BRE
whole wheat flour, sourdough culture

☞ The Mill

Hier haben zwei wunderbare Konzepte zueinander gefunden, denn Josey Baker Bread und die Kaffeerösterei Four Barrel Coffee haben sich zu The Mill zusammengeschlossen. Das kann ja nur gut sein! Köstliches, ofenfrisches Bauernbrot trifft auf hausgerösteten Kaffee. Dazu haben die beiden es auch noch geschafft, eine tolle und inspirierende Location zu schaffen, in der man sich einfach nur wohlfühlen muss und Stunden verbringen kann. Tipp: Montagabends wird hier auch himmlisch knusprige vegetarische Pizza serviert – ein Geheimtipp unter den Locals!

Adresse: 736 Divisadero St, San Francisco, CA 94117
Tel: +1 415 345 1953, Internet: www.themillsf.com
Öffnungszeiten: Täglich 7.00 – 21.00 Uhr

CHEZ PANISSE

Die Erwartungen sind immer groß, wenn man ein so legendäres Restaurant wie das von Alice Waters besucht. Weltberühmt ist sie als Pionierin der einfachen kalifornischen Küche, die auf exzellenten, frischen Zutaten von Ökobauern und kleinen lokalen Betrieben beruht. Und daran hat sich nichts geändert. Der Gartensalat ist knackig und gut abgeschmeckt, die Rigatoni mit Erbsen, Minze und Ricotta leicht und erfrischend, das Buttermilchhuhn auf den Punkt gebracht, das Lamm mit Walnüssen und Rosmarin zart und aromatisch. Was die legendäre Köchin 1971 als Nachbarschaftsbistro zusammen mit ein paar Freunden in Berkeley auf den Weg brachte, hat eine kulinarische Revolution in den Küchen vieler Restaurants und Schulen in Bewegung gesetzt und viele junge Köche inspiriert. Waters hat den berühmten Ferry Plaza Farmers Market mit ins Leben gerufen, ist Vizepräsidentin von Slow Food International – und deswegen auch heute in der Küche nicht mehr so oft zu sehen. Die Atmosphäre des Chez Panisse ist eindeutig von den 90ern geprägt, ohne dabei heute antiquiert zu wirken, das Personal ist gut, doch mit Pech leider auch etwas borniert. Eine größere Chance, einen Platz zu bekommen, ohne einen Monat im Voraus zu reservieren, und obendrein das perfekte Preis-Leistungs-Verhältnis hat man zum Lunch im Chez Panisse Café.

30 Chez Panisse Adresse: 1517 Shattuck Avenue, Berkeley, CA 94709-1516
Tel: +1 510 548 5525 Internet: www.chezpanisse.com Öffnungszeiten: Café: Montag – Samstag 11.30 – 15.00 Uhr, Montag – Donnerstag 17.00 – 22.30 Uhr, Freitag und Samstag bis 23.30 Uhr,
Restaurant: Reservierung ab 18.00 Uhr und 20.30 Uhr

HOG ISLAND OYSTER C

HOG ISLAND OYSTER CO.

Hervorragende Qualität zu garantieren haben sich die Jugendfreunde John Finger und Terry Sawyer auf die Fahne ihrer Hog Island Oyster Company geschrieben, unbedingten Genuss – und Leidenschaft. 1983 haben sie mit 500 Dollar ihrer Eltern angefangen, ihre geliebten Pazifik- und Atlantik-Austern zu züchten. Mit einem kleinen Floß schipperten sie einst ihre Gründe ab, heute ernten sie jährlich über drei Millionen Austern; ihre nachhaltige Züchtung ist preisgekrönt. Schlürfen kann man diese Austern im Restaurant im Ferry Building mit Blick auf die Bay Bridge; dort an der Bar gibt es auch die beliebte Clam Chowder, eine gehaltvolle Muschelsuppe mit Gemüse, Kartoffeln, Speck und Sahne, einen Klassiker der kalifornischen Küste.

Am schönsten ist es allerdings, man nimmt die Austern direkt an der Hog Island Oyster Farm (20215 Highway 1, Marshall) zu sich, die am malerischen Highway 1,49 Meilen nördlich von San Francisco liegt. Hier gehört auch der Weg zum Ziel. Vor Ort findet man ein cremefarbenes Holzhaus mit einfachen Tischen drum herum. Dort angekommen, kann man die frischesten Austern mit einem Glas Wein und hervorragendem Brot als Picknick zelebrieren. Ein Weg, der sich auf jeden Fall lohnt!

31 Hog Island Oyster Co. Adresse: 1 Ferry Building, 11A, Financial District, San Francisco, California 94111 Tel: +1 415 391 7117
Internet: hogislandoysters.com
Öffnungszeiten: Täglich 11.00 – 21.00 Uhr

☞ Swan Oyster Depot

Seit 1912 ist das Swan Oyster Depot der Familie Sancimino eine der Institutionen der Stadt und fast schon eher ein Wahrzeichen als nur ein Restaurant. Das Zentrum des kleinen, schmalen Ladens ist ein wunderschöner alter Marmortresen, ein Relikt aus alten Tagen, um das sich seit der Eröffnung das Leben dreht. Dahinter steht Kevin Sancimino zusammen mit seinem Vater und seinem Cousin und reicht den Gästen gut gelaunt Unmengen von Austern und frischestem Meeresgetier über den Tresen.
Beliebte Klassiker auf der Karte sind auch der Shrimp-Salat mit Taschenkrebsen und einem hausgemachten Dressing aus einer feinen Senf-Butter-Mayonnaise, die reichhaltige „Clam Chowder", eine Fischsuppe mit Venusmuscheln, Gemüse und Sahne, und natürlich Lobster. Alles Köstlichkeiten, die einen schon beim Betreten der Swan Oyster Bar in der Fensterauslage in üppigen Mengen anlachen.
Das gute Sauerteigbrot und ein Glas Sauvignon Blanc vom Weingut Honig aus dem Napa Valley sind die perfekten Begleiter für einen unvergesslichen Lunch. Geduldig reihen sich die Kunden in die Schlange der Wartenden ein, wohl wissend, dass man nur einen Platz an der Bar ergattert haben muss, um sich zu seinem Glück dem wunderbaren Schauspiel der Sancimino-Familie hingeben zu können.

Adresse: 1517 Polk St, San Francisco, CA 94109
Tel: +1 415 673 1101 Internet: swanoysterdepot.us
Öffnungszeiten: Montag – Samstag 10.30 – 17.30 Uhr,
Sonntag geschlossen

☞ Ferry Building Market

Das ultimative Food-Mekka San Franciscos liegt im Ferry Building direkt am Wasser: eine Markthalle, unter deren Dach sich die Besten der Besten der Bay Area mit einer Dependance niedergelassen haben. Ob das berühmte Acme-Brot, die feinen Austern der Hog Island Oyster Co., besondere Käse von Cowgirl Creamery, Homemade Granola von der Frog Hollow Farm oder der beliebte Blue Bottle Coffee ... auf diesem Markt sind sie alle vertreten. Und so können Sie sich auf nur wenigen Metern durch das Best-of aller kalifornischer Delis kosten. Hier hat auch der beste Vietnamese der Stadt, The Slanted Door, sein Zuhause und im Organic Deli Farm Fresh To You bekommen Sie die besten Smoothies und Juices der Stadt. Besonders lebendig geht es am Samstag zu, wenn die kalifornischen Farmer und Köche ihre Stände vor dem Ferry Building aufbauen, sich die Holzbänke bereits am Vormittag mit Besuchern füllen und den Platz in eine wunderbare Picknickkulisse verwandeln, mit der Oakland Bay Bridge und der Downtown Skyline im Hintergrund. Ein Paradies aus saisonalem Obst, Gemüse und Kräutern, köstlichen Sandwiches, Dim Sums, Austern, Tacos, Horchata und und und ... Alles ist so frisch und üppig, dass einen sogleich die Einkaufslust packt und man abends am liebsten aus all den Köstlichkeiten ein riesiges Dinner kochen möchte. Aber auch vor Ort zu essen ist ein Genuss – und deshalb sollten Sie bei einem Besuch vor allem eines mitbringen: Hunger!

Adresse: 1 Ferry Building, Financial District, San Francisco, California 94111
Tel: +1 415 983 8000, Internet: www.ferrybuildingmarketplace.com
Öffnungszeiten: Montag – Freitag 10.00 – 19.00 Uhr,
Samstag 8.00 – 18.00 Uhr, Sonntag 11.00 – 17.00 Uhr
Farmers Market: Dienstag und Donnerstag 10.00 – 14.00 Uhr,
Samstag 8.00 – 14.00 Uhr

MARKETPLACE
PRATHER RANCH GRILL

SMART
TRAVELLING

GUT ZU WISSEN

Kalifornien ist groß, darum ist dieser Infoteil so klein. Hier erfahren Sie nicht alles und jedes, sondern genau das, was Sie für eine perfekte Woche brauchen. Wenige, aber genau die richtigen Informationen: Wissenswertes über die Lebensart in Kalifornien, eine kleine subjektive Auswahl an Sehenswürdigkeiten, Spaziergängen und Tipps für Unternehmungen. Dazu eine Karte mit all unseren Lieblingsadressen, damit Sie nicht lange suchen müssen, sondern gleich anfangen können, Kalifornien zu genießen.

KUNST IN CALIFORNIA

Getty Museum

Hier ist nicht nur die Kunst spektakulär, sondern das Gebäude selbst, dessen Gärten, Lage und Ausblicke. Stararchitekt Richard Meier setzte die Anlage aus leuchtend weißem Stein, Glas und Metall 1997 auf die Hügel von Brentwood. Hat man sein Auto im museumseigenen Parkhaus abgestellt, steigt man in eine Elektrobahn und wird den Hügel hinauf gefahren. Wasserkaskaden und Grün empfangen einen, man geht sanfte Treppen auf das Hauptplateau hinauf und von dort aus in die Gebäude, in denen Gemälde von Rubens, van Gogh,

Rembrandt und Monet hängen, es sind antike Möbel ausgestellt, Bücher aus dem Mittelalter und wechselnde Ausstellungen zeigen z. B. Architektur-Fotografien von Julius Shulman. Kommen Sie am besten zum Sonnenuntergang. Von den zahlreichen Balkonen kann man über die Stadt bis hin zum Ozean den San Gabriel Mountains und manchmal sogar bis zum Catalina Island sehen – und auf die glitzernden Lichter der Blechkarawanen des Highway 405. Der Eintritt ist frei, das Parken kostet 15 Dollar.

1200 Getty Center Drive,
Los Angeles, CA 90049
Tel: +1 310 440 7300
www.getty.edu
Dienstag – Sonntag 10.00 – 17.30 Uhr,
Samstag 10.00 – 21.00 Uhr,
Montag geschlossen

Getty Villa

Hier lassen sich nicht nur antike griechische, etruskische und römische Schätze bestaunen, sondern auch der Größenwahn des Öl-Moguls Jean Paul Getty. Weil sein Haus in Pacific Palisades zu klein wurde, ließ er auf einem Hügel am Pazifik die Villa dei Papiri, die durch den Ausbruch des Vesuvs 79. n. Chr. verschüttet wurde, originalgetreu rekonstruieren. Statuen, Säulengänge, Wasserkaskaden und Buchsbeete empfangen einen und man fühlt sich mitten in Kalifornien ins antike Italien versetzt. Die Getty Villa ist der Vorgänger des Getty Centers, auch hier ist der Eintritt frei, lediglich der Parkplatz – und wirklich nur dort kann geparkt werden – kostet 15 Dollar. Ein Ticket muss im Voraus im Netz oder per Telefon (001 310 440 7300) reserviert werden.

17985 Pacific Coast Highway,
Pacific Palisades, CA 90272
Tel: +1 310 440 7300
www.getty.edu
Mittwoch – Montag 10.00 – 17.00 Uhr,
Dienstag geschlossen

LACMA

LACMA – Los Angeles County Museum of Art

Mehr als 100 000 Kunstwerke von der Antike bis zur Moderne, amerikanische und lateinamerikanische Kunst, eine umfassende asiatische Sammlung, Design, Fotografie und wechselnde Ausstellungen, die von den Filmideen Tim Burtons zu den

Videos Bill Violas reichen: Das Los Angeles County Museum of Art ist eine Wunderkammer. Der riesige Komplex ist eines der größten enzyklopädischen Museen und man kann Stunden damit verbringen, durch die Hallen zu streifen, sich aufsehenerregende Installationen wie die „Urban Light Skulptur" von Chris Burden anzusehen, einen Stopp in einer Auswahl von Cafés machen und in dem gut sortierten Shop stöbern.

5905 Wilshire Blvd, Los Angeles,
Mid-City, CA 90036
Tel: +1 323 857 6000, www.lacma.org
Montag, Dienstag, Donnerstag
11.00 – 17.00 Uhr, Freitag 11.00 – 20.00 Uhr, Samstag und Sonntag 11.00 – 19.00 Uhr, Mittwoch geschlossen

MOCA – Museum of Contemporary Art

Inmitten der Wolkenkratzer von Downtown liegt das Museum für Moderne Kunst, eine eher kleine Ansammlung von Gebäuden mit einer roten Steinpyramide des Architekten Arata Isozaki. In seiner Sammlung hat es Meisterwerke vom Abstrakten Expressionismus, der Pop-Art bis hin zu zeitgenössischen amerikanischen Künstlern, darunter auch zahlreichen Nachwuchs-Talenten.

Wechselnde Ausstellungen reichen von Cy Twombly über Cindy Sherman zu Mike Kelley, von Malerei über Installation zu Fotografie und Video. Besucht man das Museum, kann man auch einen Abstecher zur spektakulären Disney Concert Hall auf der gegenüberliegenden Straßenseite machen, die Frank Gehry aus kurvigen Edelstahl entwarf. Zum MOCA gehört auch ein Ausstellungsgebäude im Pacific Design Center, West Hollywood, in dem Architektur- und Design-Schauen zu sehen sind samt großem Store – und, in Fußnähe des MOCA, The Geffen Contemporary in Little Tokyo.

250 South Grand Avenue,
Los Angeles, Downtown, CA 90012
Tel: +1 213 626 6222
www.moca.org
Montag, Mittwoch, Freitag 11.00 – 18.00 Uhr, Donnerstag 11.00 – 17.00, Samstag und Sonntag 11.00 – 18.00 Uhr, Dienstag geschlossen

The Geffen Contemporary

Der Ableger des MOCA, der in Fußnähe die First Avenue Richtung Little Tokyo hinunter liegt, ist eine alte Reparaturhalle für Polizeiwagen, die so geräumig ist, dass selbst die riesigen Eisenskulpturen von Frank Stella dort hineinpassten. Star-Architekt Frank Gehry hat die Halle 1983 umgebaut, und benannt ist sie nach dem Entertainmentmogul David Geffen, der für den Bau fünf Millionen Dollar spendete. Das MOCA konzentriert sich dort auf zeitgenössische Kunst wie der riesigen Schau von Haruki Murakami, die 2007 für Furore und lange Schlangen sorgte, zeigt Avantgarde oder Street-Art.

@MOCA 152 N Central Ave,
Los Angeles, Downtown, CA 90012
Montag 12.00 – 18.00 Uhr, Mittwoch – Freitag 12.00 – 22.00 Uhr, Samstag 11.00 – 22.00, Sonntag 11.00 – 18.00 Uhr

De Young Museum

Ein Ausflug in den Golden Gate Park lohnt sich immer, nicht nur wegen des bunten Treibens am Wochenende und des spektakulären neuen Aquariums, sondern vor allem, um das De Young Museum zu besuchen. Die gefeierten Schweizer Architekten Herzog & de Meuron bauten es 2005 als verschachteltes Gesamtkunstwerk und überzogen es mit einem changierenden Gitter. Die Sammlung, zu der amerikanische Kunst des 17. bis 20. Jahrhunderts, Kunst der präkolumbianischen Ureinwohner, afrikanischer und pazifischer Völker gehört, ist einzigartig. Dazu finden wechselnde Ausstellungen statt: von Yves Saint Laurent über historische Quilts bis zu Andy Warhol. Auch wenn es im Museums-Café nicht viel mehr als abgepackte Sandwiches und andere überteuerte Kleinigkeiten gibt, lohnt ein Besuch. Schon wegen der Deckenlampen, die sich wie bunte Murmeln aneinanderreihen, und dem Garten, in dem man auf einer Bank seinen Latte Macchiato trinken kann. Der Turm hat ein Aussichtsdeck mit schönen Blicken über den Park.

50 Hagiwara Tea Garden Drive,
Golden Gate Park/Fulton Street,
Inner Richmond
Tel: +1 415 750 3600
deyoung.famsf.org
Dienstag – Sonntag 9.30 – 17.15 Uhr, Freitag 9.30 – 20.45 Uhr (nur von Mitte Januar – November)

San Francisco Museum of Modern Arts (SF MOMA)

Das SF MOMA macht Spaß. Nicht nur, weil dort in den letzten Jahren

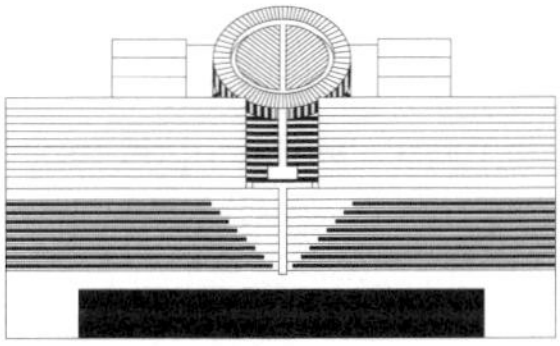

151 3rd Street (zwischen Mission und Howard Street), South Beach
Tel: +1 415 357 4000
www.sfmoma.org
Freitag – Dienstag 10.00 – 17.00 Uhr
Donnerstag 10.00 – 21.00 Uhr
Mittwoch geschlossen

einzigartige Werkschauen von Jeff Wall, Douglas Gordon, Joseph Cornell und Olafur Eliasson zu sehen waren. Sondern, weil auch die Architektur selbst ein Erlebnis ist. 1995 wurde das Museum im Zentrum von San Francisco in einem mehrteiligen Bau des Stararchitekten Mario Botta untergebracht: schwarz-weiß gestreift, mit einer Rotunde als Eingangshalle und einem Treppenhaus, das immer wieder Durchblicke freigibt. Ein Highlight für Schwindelfreie: die „durchsichtige" Brücke im fünften Stock, die einmal quer über die Eingangshalle führt. Neben der Sammlung, die von Matisse bis Jackson Pollock reicht, werden meist drei aktuelle Ausstellungen gleichzeitig gezeigt. Ein Garant, dass immer etwas dabei ist, was einen interessiert. Zwischendurch kann man sich wunderbar mit einem guten Kaffee und Snacks von Blue Bottle auf der weitläufigen Dachterrasse zwischen zeitgenössischen Skulpturen stärken.

Rooftop Coffee Bar, Roof Top Garden
Tel: +1 415 243 0455
Täglich 10.00 – 17.00 Uhr, Donnerstag bis 20.00 Uhr, Mittwoch geschlossen

Yerba Buena Center of the Arts

„Yerba Buena" haben die Siedler im 18. Jahrhundert San Francisco genannt. Das Kunstzentrum, das direkt beim MOMA liegt, hat ihn gewählt, weil es eng mit der Kultur vor Ort verwurzelt ist. Zeitgenössische Kunstausstellungen, Performances, Konzerte, Tanzabende und ein Videokunst-Archiv mit über 2200 Arbeiten gehören ebenso zum Konzept wie die enge Zusammenarbeit mit der Gemeinde, Weiterbildungsangebote, Vorträge und Schulprogramme. Im Yerba setzt nichts Staub an, eine ständige Sammlung gibt es nicht, dafür ein Programm, das ganz auf Aktualität und Spannung setzt. Achten Sie auf das wechselnde Angebot!

701 Mission Street, Downtown

Tel: +1 415 978 2700
www.ybca.org
Dienstag – Sonntag 11.00 – 18.00 Uhr,
Donnerstag bis 20.00 Uhr
Montag geschlossen

Palm Springs Art Museum
Indianisches Handwerk, moderne Kunst, ein Skulpturengarten, botanische Lehrpfade für Kinder und eine Sammlung von mehr als 24 000 Objekten, zu denen auch Fotografien, Kunst der Ureinwohner, geologische, biologische und archäologische Stücke gehören, Mineralien, Fossilien und Reptilien. Das Palm Springs Art Museum, das in den letzten Jahren immer mehr auch in Richtung Naturkunde expandierte, ist ein Familienmuseum im besten Sinne – und bietet zudem schöne Blicke auf die Stadt.

101 N Museum Dr,
Palm Springs, CA 92262
Tel: +1 760 3224800
www.psmuseum.org
Dienstag und Mittwoch,
Freitag bis Sonntag 10.00 – 17.00 Uhr,
Donnerstag 12.00 – 20.00 Uhr
(ab 16.00 Uhr freier Eintritt),
Montag geschlossen

Noah Purifoy Foundation
Mitten in der Wüste, nahe Joshua Tree, schuf Noah Purifoy (1917–2004) einen fantastischen Skulpturengarten. Während der Watts-Unruhen 1969 mit 34 Toten, begann Purifoy auf der Straße Gegenstände zu sammeln und aus ihnen Plastiken zu bauen, aus altem Neon, Möbelteilen, Metallstücken oder was er sonst fand. Ein Leben lang arbeitete er an ihnen, sorgte gleichzeitig als Mitglied des California Arts Council dafür, dass Kunstunterricht in Jugendzentren und Knäste gebracht wurde – und zog sich die letzten 15 Jahre seines Lebens in die Wüste zurück. Dort baute er auf diesem riesigen Gelände nahe Joshua Tree Assemblage-Skulpturen aus Blech, Holz, alten Schuhen und Stoffen, arrangierte so seltsame wie großartige architektonische Formen und ein fantastisches Biotop. Heute versucht ein Stiftungsrat, zu dem auch Ed Ruscha gehört, das Freiluftmuseum zu erhalten. Der Weg dorthin führt über schlecht gefestigte Straßen, leicht zu finden ist es auch nicht, aber der Weg lohnt sich unbedingt. Fassen Sie nichts an und hinterlassen Sie das Gelände so, wie Sie es vorgefunden haben.

63030 Blair Lane, Joshua Tree,
CA 92252 (zwischen Center Avenue

und Desert Shadow Road)
www.noahpurifoy.com
Täglich Sonnenauf- bis
Sonnenuntergang

Hauser & Wirth Schimmel

Nach Locations in Zürich, New York, Somerset und London hat das Schweizer Galeristenpaar nun einen Industriekomplex, in dem früher Mehl gemahlen wurde, in den neuen Hot Spot der Kunst verwandelt. Um die 9000 Quadratmeter Ausstellungsfläche zu bespielen, wurde Paul Schimmer, der ehemalige Chefkurator des Museum of Contemporary Art gewonnen. Die Ausstellung kann sich allemal mit öffentlichen Museen messen und zeigt fast 100 Arbeiten von 34 verschiedenen Künstlerinnen zum Thema abstrakt arbeitende Bildhauerinnen. Danach kann man bei Manuela auf einen Snack einkehren.

901-909 E 3rd St, Los Angeles, CA 90013,
Dienstag – Sonntag 11.00 – 18.00 Uhr
www.hauserwirth.com/locations
/10069-hauser-wirth-los-angeles

Marciano Art Foundation

Die Marciano Art Foundation ist eine gemeinnützige Kunststiftung in Mid-Wilshire, die von den Brüdern und Mitbegründern von Guess, Maurice Marciano und Paul Marciano, gegründet wurde und zu den beeindruckendsten Kunstorten in Los Angeles gehört. Die Marcianos eröffneten ihr Museum in 2017 mit ihrer Kunstsammlung aus 1500 zeitgenössischen Werken, darunter Künstler wie Yael Bartana, Wade Guyton, Glenn Ligon, Alex Israel, Albert Oehlen, Mai Thu Perret, Seth Price, Sterling Ruby, Paul Sietsema, Rudolf Stingel, Kaari Upson, Adrián Villar Rojas und Christopher Wool.

4357 Wilshire Blvd, Los Angeles
CA 90010, Tel: +1 424 204 7555,
Donnerstag und Freitag 11.00 – 17.00
Uhr, Samstag 10.00 – 18.00 Uhr,
Sonntag 10.00 – 17.00 Uhr
marcianoartfoundation.org

ARTS & CRAFTS IN PASADENA

Fährt man nach Pasadena, das nur einen Steinwurf von Silver Lake entfernt ist, hat man das Gefühl, man sei an der Ostküste. Dessen High Society, genauso wie Wohlhabende aus dem Mittleren Westen, haben sich Anfang des 20. Jahrhunderts dort in den Wintermonaten niedergelassen, um dem strengen Klima zu entgehen – und viele blieben. Das war in einer Zeit, als der pompöse viktorianische Stil durch das Arts and Crafts Movement abgelöst wurde, einer Bewegung, die auf natürliche Materialien setzte, auf schnörkelloses Design und die Natur. So entstanden Häuser aus schönstem Holz und die Krönung des Handwerks bestand darin, dass man auf Nägel verzichten konnte, weil die einzelnen Holzelemente perfekt ineinanderpassen – und sich genauso perfekt in die Natur drum herum einfügen. Ein besonders schönes Beispiel ist The Gamble House in Pasadena. Es wurde 1908 von Charles und Henry Greene für David und Mary Gamble der berühmten Procter & Gamble Company gebaut und eingerichtet. Es ist für Touren geöffnet, es gibt einen Souvenirshop und Informationen über Häuser und Touren in der Umgebung. Oder man dreht auf eigene Faust ein paar Runden durch die Straßen und staunt über die imposanten und präsenten Häuser.

The Gamble House
4 Westmoreland Place,
Pasadena, CA 91103
Täglich: erste Tour um 12.00 Uhr,
letzte Tour um 15.00 Uhr,
alle 20 Minuten

ARCHIKEKTUR HIGHLIGHTS / CASE STUDY HOUSES

1945 startete die Zeitschrift Arts & Architecture ein ungewöhnliches und bahnbrechendes Projekt. Um der dramatischen Wohnungsnot Herr zu werden – und zwar mit Style und moderner Architektur – verpflichtete es so visionäre Architekten wie Pierre Koenig, Richard Neutra, Charles und Ray Eames oder Eero Saarinen, neue Formen des Wohnens und Bauens zu entwickeln. Case Study Houses wurden sie genannt und die kostengünstigen Modellhäuser, die moderne Materialien, z.B. aus dem Flugzeugbau, nutzten, sind heute Ikonen modernistischer, amerikanischer Architektur. Insgesamt gab es 36 Modellhäuser, nicht alle wurden realisiert, aber die berühmtesten sind das Stahl- und das Eames-House.

Stahl House #22

1635 Woods Dr, Los Angeles,
Hollywood, CA 90069
Tel: +1 208 429 1058
stahlhouse.com

Die Fotografien von Julius Shulman machten es seit 1960 weltberühmt, die Los Angeles Times wählte es zum besten Haus aller Zeiten – und jeder, der auch nur etwas an Architektur interessiert ist, kennt es. Aus Werbespots, dem DiCaprio-Film „Catch me if you can", einem Video von Robbie Williams und unzähligen Bilderstrecken in Architektur- und Lifestyle-Magazinen: Das Stahl House von Pierre Koenig, eine wahre Schönheit an der 9038 Wonderland Park Avenue in West Hollywood, L-förmig aufgebaut und mit Blicken über die glitzernde Stadt. Aus Stahl und Glas baute Koenig es auf einem Grundstück, das – wie so oft bei seinen Arbeiten – als unbebaubar galt. Durch Wände, die größtenteils aus Glas bestehen, verschmelzen Innen und Außen und dazu ist es komplett von Wasser umgeben, dessen Oberfläche sich durch das wandernde Licht permanent verändert. Ein einzigartiger Ort, der bis heute für Shootings und Events gebucht wird und den man in Touren besichtigen kann.
Zum reservieren geht man auf die Website und sollte das rechtzeitig tun, denn die Plätze sind rar und bezahlt wird je Auto, heißt: je mehr Insassen, je billiger wird es.

Chemosphere

Wie ein Raumschiff schwebt das Haus, das John Lautner 1960 nahe des Mullholland Drive baute, über den Nachbargebäuden, Palmen und Grün. Und wenn man es das erste Mal sieht, muss man sich fast die Augen reiben, so unglaublich ist es. Achteckig ragt es auf einem Betonfuß gen Himmel und wurde mit dem festen Glauben an die moderne Technologie gebaut, der in den Sechzigern herrschte. Passenderweise für den Flugzeugingenieur Leonard Malin und dessen vierköpfige Familie, der das abschüssige Land mit Blick auf das glitzernde San Fernando Valley von seinem Vater erbte. Lautner schuf mit dem Chemosphere, das auch Malin House heißt, ein Meisterwerk des California Modernism, dessen Sockel sechs Meter in die Erde eingelassen ist, damit es bei starken Regenfällen mit Erdrutschen ebenso sicher steht wie bei Erdbeben. Fährt man mit dem Auto dorthin, muss man ein bisschen weiter den Berg hochfahren und drehen und dann hat man den besten Blick. Seit 2000 wohnt der Kölner Verleger Benedikt Taschen dort. Ein paar Szenen aus „Charlies Angels" spielen in dem Haus, persönlich kann man aber nur einen Blick von Außen darauf werfen.

7776 Torreyson Drive, Los Angeles,
Hollywood Hills, CA 90036

Eames House #8

Ahnungslos rauscht man auf dem Pacific Coast Highway zwischen Santa Monica und Malibu an ihm vorbei: dem legendären Haus von dem genauso legendären Designer-Ehepaar Charles (1907–1978) und Ray (1912–1988) Eames. Es ist eines der 36 Modellhäuser, die zwischen 1945 und 1966 von den Modernisten des Landes entworfen wurden. Einfaches, preisgünstiges Bauen war nach dem Zweiten Weltkrieg gefragt und die Eames antworteten mit zwei lichtdurchfluteten quadratischen Baukörpern, die – mit wunderbarem Blick auf den Pazifik – an einem Hang in Pacific Palisades liegen. Die Architekturikone, in der Wohn- und Arbeitsbereiche auf die beiden Häuser verteilt sind, gefiel den Eames so gut, dass sie selbst dort einzogen. Bis heute ist das Haus mit den originalen Möbeln eingerichtet und man kann durch den Garten mit den riesigen Eukalyptusbäumen spazieren. In die Häuser hineingehen kann man nicht, aber hat durch die Fenster einen guten Blick. Man muss im Voraus seinen Besuch reservieren. Ist man dort angekommen, bekommt man Auskunft über die Häuser und kann alleine herumgehen.

203 Chautauqua Blvd,
Pacific Palisades, CA 90272
Tel: +1 310 459 9663
eamesfoundation.org

Montag, Dienstag, Donnerstag bis Samstag 10.00 – 16.00 Uhr
Mittwoch und Sonntag geschlossen

Schindler House

Nördlich vom Sunset Boulevard liegt dieser ungewöhnliche Bau, der als eines der ersten Häuser der Moderne gilt. 1922 entwarf Rudolph Schindler ihn. Da hatte er gerade die Arbeiten am Hollyhock House abgeschlossen, fuhr mit seiner Frau in den Yosemite Park und kam mit der Idee wieder, ein L-förmiges Haus zu bauen, in dem es sich wie auf einem Campingplatz leben lässt. Mit zwei Familien, die sich die Haupträume teilen, mit Schiebewänden und zwei hölzernen „Schlafkörben" auf dem Flachdach, die durch Schutzdächer geschützt werden. Mehrere Jahre lang bewohnten Schindler und seine Frau Pauline und das Ehepaar Richard Neutra die beiden Apartments und es heißt, sie teilten sich mehr als nur die Wohnfläche – bis 1927 Pauline ihren Mann verließ. Später wohnten dort der Fotograf Edward Weston und der Komponist John Cage. Heute unterhält das Museum für angewandte Kunst Wien (MAK) das Schindler House, es finden Ausstellungen, Vorträge und Konzerte statt. Von Mittwoch bis Sonntag 11.00 – 18.00 Uhr kann man es besichtigen. Am Wochenende werden Führungen angeboten.

835 N Kings Road, Los Angeles,
West Hollywood, CA 90069
Tel: +1 323 651 1510
makcenter.org
Mittwoch – Sonntag 11.00 – 18.00 Uhr,
Montag und Dienstag geschlossen

Neutra in Silver Lake

California Modernism von Richard Neutra (1892–1970), dem Wiener Architekten, der in den 1920er-Jahren in die USA zog, um bei Frank Lloyd Wright zu arbeiten, findet man vor allem in Silver Lake nahe des Reservoirs. Hier war auch das Wohnhaus Neutras (2300 Silver Lake Boulevard) und sein Büro und in der Umgegend finden sich zehn weitere Häuser, die er zwischen 1950 und 1960 baute. Man erkennt sie sofort an ihren klaren Formen und ihrem von der japanischen Architektur beeinflussten Pavillon-Stil, sie sind ganz klar komponiert, haben große Fenster und gläserne Wände, die sich zur Natur hin öffnen. Einfach den Berg am Neutra Place, wie eine der Straßen heute heißt, hochgehen und schauen.

Neutras ehemaliges Wohnhaus, das 1963 abbrannte und anschließend neu aufgebaut wurde, ist das einzige Neutra-Haus, das öffentlich zugänglich ist. Samstags kann man dort an Führungen teilnehmen.

Touren durch das Neutra Haus,
2300 Silver Lake Blvd, Los Angeles,
Silver Lake, CA 90039
www.neutra-vdl.org

ARCHITEKTUR-TOUREN

Man trifft sich in der Regel am Pershing Square und dann geht es zu Fuß los quer durch die Architekturgeschichte von Downtown L.A., zu ikonischen Bankengebäuden, reich mit Marmor ausgelegt und Ernteszenen gestaltet, als Kalifornien Anfang des 20. Jahrhunderts boomte, zur L.A. Library mit ihren Anleihen an die ägyptische Antike, über den historischen Farmers Market mit seinen 50er-Jahre-Leuchtreklamen bis hin zum Bradbury Building, wo heute ein Ableger des Los Angeles Police Department sitzt – und wo einst Szenen aus „The Blade Runner“ gedreht wurden. Eine tolle Tour für gerade mal 10 Dollar, mit Herzblut und großem Wissen von leidenschaftlichen Los Angelinos geführt.
Die gemeinnützige Organisation LA Conservancy bietet auch Touren zum Thema Art Deco, zum Broadway oder zur Skyline an.

www.laconservancy.org

Walt Disney Concert Hall
Wenn man in Downtown ist, sollte man auch einen Blick auf die Walt Disney Concert Hall werfen, die Frank Gehry 2003 mit bewährtem silberglänzendem, rostfreiem Stahl baute. Gewohnt spektakulär ist die Form, die einem Segelschiff nachempfunden ist, mit Wänden, die wie riesige Segel flattern und sich wellen. Darin ähnelt es ein wenig dem Guggenheim Museum in Bilbao. Man kann draußen herum gehen und ein paar Treppen direkt am Gebäude entlang, und drum herum sind Grünflächen angelegt. Oder man wirft einfach einen Blick aus dem Autofenster und schaut, wie der Stahl in der kalifornischen Sonne glitzert.

Das Gebäude liegt schräg gegenüber des MOCA, des Museum of Contemporary Art,
111 South Grand Avenue,
Los Angeles, Downtown, CA 90012

Kaufmann Desert House

Das legendäre Kaufmann Desert House von 1946 zählt unzweifelhaft zu den Ikonen der modernen Architektur des 20. Jahrhunderts und wurde von Richard Neutra für Edgar J. Kaufmann entworfen. Nach dem Tode Kaufmanns 1955 hatte das Desert House eine ganze Reihe an Besitzern, darunter auch Barry Manilow, und ist mit den Fotos von Julius Shulman unsterblich geworden. Während des jährlichen Architekturfestivals Modernism Week ist es möglich, das Kaufmann Desert House von innen zu besichtigen, den Rest des Jahres kann man es nur von außen bestaunen.

West Vista Chino
Palm Springs
CA 92262

HEARST CASTLE

Orson Welles berühmter Film „Citizen Kane“ soll den Zeitungsfürsten William Randolph Hearst zum Vorbild gehabt haben, der 1919 begann, dieses Phantasieschloss hoch über dem Pacific Coast Highway zu bauen. 165 Zimmer hat es, riesige Pools, die antike Tempelanlagen zitieren, mehrere Gästehäuser, lange rustikale Tafeln wie für Rittergelage und ein Kino. In seinen Gärten stolzierten Elefanten herum, Zebras grasten und Flamingos posierten. Vor allem in den Zwanzigern veranstaltete Hearst mit seiner Geliebten für mehr als 30 Jahre, der Schauspielerin Marion Davies, hier rauschende Feste, die oft mehrere Tage lang dauerten und zu denen regelmäßig illustre Gäste wie Charlie Chaplin, Clark Gable, Rudolph Valentino, Cary Grant oder Charles Lindbergh geladen waren.
Heute ist die Anlage mit ihrer prunkvollen Architektur und ihren Kunstschätzen Teil des kalifornischen Kulturerbes, ein Touristen-Hot-Spot und kann auf diversen geführten Touren besucht werden. Reservieren müssen Sie bei dem großen Angebot in der Regel nicht.

750 Hearst Castle Rd,
San Simeon, CA 93452
Tel: +1 800 444 4445
hearstcastle.org
Täglich 9.00 – 19.00 Uhr

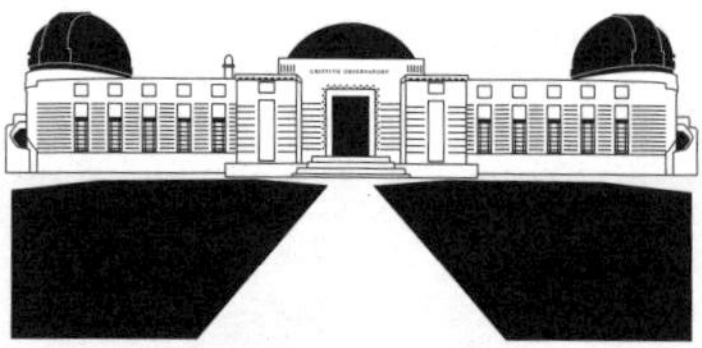

Griffith Park Observatory

Von hier aus hat man einen der schönsten Blicke auf die City of Angels. Zum Sonnenuntergang treffen sich hier Touristen, Liebespaare und Einheimische, um die Aussicht auf das Lichtermeer zu genießen. Das ist so berühmt wie der Film „Denn sie wissen nicht, was sie tun", der 1955 hier gedreht wurde und an den bis heute eine Statue von James Dean erinnert. Natürlich kann man auch das Planetarium und die wechselnden Ausstellungen dort besuchen, die meisten kommen aber wegen der einzigartigen Lage und auch um zu einem Hike in den Griffith Park und den Hollywood Hills aufzubrechen. Beliebt ist es dabei, im Trails Cafe, das auf dem Weg zum Observatory liegt, Halt zu machen und einen der selbst gemachten Pies oder vegetarischen Snacks zu essen.

2800 E Observatory Road,
Los Angeles, Los Feliz, CA 90027
Tel: +1 213 473 0800
www.griffithobservatory.org
Dienstag – Freitag 12.00 – 22.00 Uhr,
Samstag, Sonntag 10.00 – 22.00 Uhr

Trails Cafe
2333 Fern Dell Dr, Los Angeles,
Los Feliz, CA 90068
Tel: +1 323 871 2102
Täglich 8.00 – 17.00 Uhr

Runyon Canyon Park

Der beliebteste „Rundparcour" der Stadt führt auf verschiedenen Routen durch den Runyon Canyon. Am besten startet man am Eingang Fuller Avenue, wählt entweder den Runyon Canyon Road- (einfach), den Star- (mittel) oder den anspruchsvollen Hero-Trail. Man läuft zwischen 30-60 Minuten, ist dabei mitten im Grünen und hat schönste Aussichten auf die Stadt – und auf die eine oder andere Celebrity beim Hundespaziergang.

Will man tiefer in die Community vor Ort eintauchen, sollte man unbedingt mal zum Yoga gehen. Ein Geheimtipp ist das Yoga unter freiem Himmel am Eingang vom Runyon

Canyon Park, kostenlos und inmitten der Natur. Deshalb sollte man sich auch nicht erschrecken, wenn man sich bei der Position „Downward Facing Dog“ gen Boden richtet und ein Maulwurf sich gerade aus der Erde wühlt. Die genauen Yoga-Termine werden jeden Abend vorher auf der Facebook Fanpage „Runyon Canyon Yoga“ bekannt gegeben, die Kurse finden dann am nächsten Morgen ab 8.45 Uhr statt. Die Atmosphäre ist herrlich ungezwungen und wer möchte, gibt eine kleine Spende.

2000 N Fuller Ave, Los Angeles, Hollywood, CA 90046
Tel: +1 323 666 5046
www.laparks.org
Täglich Sonnenauf- bis Sonnenuntergang; Yoga: Montag – Samstag 8.45 Uhr, 10.30 Uhr, 14.00 Uhr, Sonntag 10.30 und 14.00 Uhr

STADTANSICHTEN

Bernal Heights Hill & Park

Von dem grünen Hügel aus liegt einem das angrenzende Mission District zu Füßen, und lässt man die Blicke weiter schweifen, bietet sich ein atemberaubender Blick auf die Downtown Skyline, die Golden Gate Bridge und die Bay Area. Wie eine Essenz von San Francisco, die man zwischen Dogwalkern, Joggern und Spaziergängern – besonders bei Sonnenuntergang – wunderbar genießen kann.

Tipp: Lassen Sie sich mit dem Auto oder Taxi zur Ripley Street, Ecke Alabama Street, in Bernal Heights bringen, von hier aus beginnt der Bernal Heights Boulevard, der bis nach oben führt.

Buena Vista Park

Der Buena Vista Park grenzt an das berühmte Hippie-Viertel Haight-Ashbury und die Buena Vista Heights. Es ist der älteste Park San Franciscos, mit so hohen Bäumen, wie man sie sonst kaum in San Francisco findet. Dazwischen kann man wunderbare Ausblicke auf die Bay Area und die Golden Gate Bridge genießen, besonders spektakulär von der Spitze des Hügels aus.

Haight Street und Buena Vista Avenue East, Haight-Ashbury

Self-Realization Center

Das Self-Realization Fellowship Lake Shrine am Sunset Boulevard und mit

Blick auf den Pacific ist ein besonderer Ort aus Tempel, Schrein und Meditationsgarten und bietet Besuchern eine ruhige Oase für Meditation, Gebet und die Lehren von Paramahansa Yogananda. Yogananda war ein indischer Yogi und Guru, der Millionen von Indern und Westlern mit den Lehren der Meditation und des Kriya Yoga bekannt machte.

17190 Sunset Blvd, Pacific Palisades, CA 90272, Tel: + 1 310 454 4114
Dienstag – Samstag 10.00 – 16.30 Uhr
Sonntag 12.00 – 16.30 Uhr
lakeshrine.org

Huntington Library & Park
Ein Ausflug nach San Marino, nördlich von Los Angeles, lohnt sich nicht nur wegen der umfangreichen Kunstsammlung mit Schwerpunkt auf europäischer Kunst des 18. und 19. Jahrhunderts sowie amerikanischer Kunst des 17. bis Mitte des 20. Jahrhunderts. Darüber hinaus kann man durch 120 Hektar in 16 verschiedenen botanischen Landschaftsgärten wandeln, unter ihnen der „Japanische Garten", der „Wüstengarten" und der „Chinesische Garten".

1151 Oxford Rd, San Marino, CA 91108
Tel: +1 626 405 2100
Montag, Mittwoch bis Sonntag
10.00 – 17.00 Uhr
www.huntington.org

GANNA WALSKA LOTUS LAND

Der exotische Garten von Ganna Walska (1887–1984), einer polnischen Opernsängerin, die sich 1941 in Montecito niederließ, ist einer wie man ihn noch nicht gesehen hat. Nachdem Walska sich auch von ihrem sechsten Gatten getrennt hatte, widmete sie sich mit Leidenschaft jüngeren Herren und seltenen Pflanzen. In heutiger Nachbarschaft von Oprah Winfrey richtete sie ein riesiges Kleinod ein, das ein Abbild ihrer Exzentrik und ihrer außergewöhnlichen gärtnerischen Begabung ist – mit verwunschenen Pfaden, plätschernden Lotusbecken, einem Pool, der von perlmuttfarben schimmernden Riesenmuscheln umgeben ist, Kakteen, die sich wie Lianen um ihr Haus ranken und allem anderen, was schön und besonders ist. Für ungewöhnliche Pflanzen war Ganna Walska bereit, jeden Preis zu zahlen und versetze 1970 Schmuck, um seltene, 200 Millionen Jahre alte Palmfarne zu erstehen, die bereits auf der Erde wuchsen, bevor die Dinosaurier kamen. Alles das kann man in einer 2-stündigen Tour erkunden, die ein wirkliches Erlebnis ist.

695 Ashley Rd, Santa Barbara, CA 93108, Tel: +1 805 969 9990, www.lotusland.org
Mitte Februar bis Mitte November, Samstag 10.00 und 13.30 Uhr

MULLHOLAND DRIVE

Der Mulholland Drive, diese bergige Wirbelsäule zwischen Hollywood und dem Valley, ist nicht nur wegen David Lynchs gleichnamigem Film ein Klassiker. Stars wie Jack Nicholson und Jon Voight wohnen an der Straße durch die Santa Monica Mountains – und die Blicke auf das glitzernde Valley sind legendär. Fahren Sie abends von Sunset Boulevard auf Beverly Glen, schlängeln Sie sich den Berg zum Mullholland Drive durch und biegen Sie auf dem Drive rechts ab Richtung Hollywood. Immer wieder gibt es kleine Lookouts, an denen man anhalten kann. Oder einfach von der Straße aus schauen, hinter jeder Kurve funkelt das Valley etwas anders. Auf Laurel Canyon können Sie dann rechts wieder Richtung Hollywood einbiegen.

TOPANGA CANYON

In diesem Tal in den Santa Monica Mountains zwischen Pacific Palisades und Malibu, das die Küste und das Valley miteinander verbindet, formierte sich einst Charles Manson und sein Gefolge, als es noch um Love & Peace ging. Den Hippie-Charakter hat es sich bis heute bewahrt. Uschi Obermaier lebt seit vielen Jahren hier, inmitten dieses überbordenden Angebots an Yogastunden, Raw Food, Yogitee und tibetischen Gebetsflaggen, die neben dem örtlichen Supermarkt wehen. Dazu gibt es die schönste Landschaft, viele Wanderwege, Pferdetouren und lauschige Delis und Restaurants.

Topanga Living Café

„TLC" heißt es liebvoll unter den Locals und ist ein Muss in Topanga. Das sympathische Café wird von den Geschwistern Agustina und Bayu geführt, die am Topanga Canyon Boulevard eine einladende Atmosphäre und Treffpunkt für die Nachbarschaft kreiert haben. Auf der Terrasse genießt man köstliche Frühstücke und Lunch-Optionen oder Smoothie-Kreationen, alles in Bioqualität und mit Fokus auf lokalen Produkten. Jeden Samstag ist von 17 bis 21 Uhr Taco-Night.

1704 N Topanga Canyon Blvd,
Topanga, CA 90290
Täglich 8.00 Uhr – 17.00 Uhr,
Samstag: Taco-Night bis 21.00 Uhr
www.topangalivingcafe.com

Topanga Table

Im Herzen der Santa Monica Mountains direkt am Topanga Canyon Boulevard ist der Topanga Table eine perfekte Brunch-Adresse. Auf der abgeschirmten Terrasse mit hängenden Farnen und Holztischen genießt man eine wunderbare Auswahl an california comfort food: Granola, Blueberry Pancakes, Avocado Kale Smoothie, Egg Sandwich oder Grassfed Burger im hausgemachten Brioche. Dazu weht eine Brise vom Meer und aus den Boxen spielt Fleetwood Mac.

1861 N Topanga Canyon Blvd, Topanga,
CA 90290, www.thetopangatable.com
Täglich 8:00 – 15:00 Uhr

The Old Place Cornell

In diesem alten Post Office, das der Schauspieler Tom Runyon gemeinsam mit seiner Frau Barbara 1969 in ein Saloon-Restaurant verwandelte, gingen Ali McGraw und Steve McQueen, Bob Dylan und Robert Mitchum ein und aus. Wie im Wilden Westen kommt man sich darin vor, es riecht nach Pinienholz und längst vergangenen Zeiten. Seit Runyon 1998 mit 89 Jahren starb, führt sein Sohn Morgan das rustikale Hide Away – und bei der Bestellung sollte man sich auch an die genauso herzhaften Speisen halten, an die ordentlichen Steaks und Baked Potatoes.

29983 Mulholland Highway, Cornell
(nahe Agoura Hills), CA 91301
Tel: +1 818 706 9001,
www.oldplacecornell.com
Donnerstag bis Sonntag 17.00 –
24.00 Uhr, Brunch Samstag und
Sonntag 9.00 – 14.00 Uhr

FARMERS' MARKETS

Hollywood Farmers' Market

Es ist der schönste Farmers Market von Los Angeles und auf ihm decken sich auch die Chefs der Stadt mit saisonalen Köstlichkeiten ein. Jeden Sonntag früh bauen auf Selma- und Ivar-

Avenue die Farmer ihre Stände auf. Hier gibt es alles, was das Foodie-Herz begehrt. Neben Obst und Gemüse ein Best of der kalifornischen Szene: Austern von den San Diego Oyster Boys, Datteln von der Bautista Family, Carmela Ice Cream, Raw Sugar Cane Smoothies, dazu Straßenmusik und manchmal Jacqueline Suskin's Poem Store, in dem sie auf Anfrage dichtet.

6605 Hollywood Blvd (intersection of Irvar & Selma Ave), Los Angeles, Hollywood, CA 90068
www.hollywoodfarmersmarket.net
Sonntags 8.00 – 13.00 Uhr

Santa Monica Farmers' Market

Einer der alteingesessenen Farmers' Markets, den es schon seit über 20 Jahren gibt und dessen Qualität auch die Küchenchefs zu schätzen wissen. Mittwoch und samstags treffen sie sich hier zwischen 7 und 9 Uhr, man kennt sich und grüßt sich und tauscht News und sucht dabei das Best of saisonaler Produkte aus. Etwas später kommen dann die Anwohner und auch Touristen.

Arizona Ave & 3rd St,
Santa Monica, CA 90401
Mittwoch und Samstag
8.30 – 13.30 Uhr

Ojai Farmers' Market

Klein und fein ist der Farmers' Market in dem verschlafenen Bergstädtchen Ojai gut 100 km nordwestlich von Los Angeles. Zentral gelegen, direkt hinter den Stadtarkaden, ist es der Treffpunkt der Ojai Community am Sonntagvormittag, um ihre Wocheneinkäufe zu machen und mit den Farmern ein Schwätzchen zu halten. Im Vergleich zu L.A. scheint hier die Zeit stehen geblieben zu sein. Es gibt ein verlesenes Angebot an heimischen Orangen, Avocados und kalt gepresstem Olivenöl, lokalem Sauerteigbrot und Ziegenkäse, Pistazien aus Santa Barbara und Datteln aus dem Coachella Valley. Will man etwas vor Ort snacken, bietet sich der Tamales Stand am Markteingang an, die Salad-&-Juice-Bar im Biosupermarkt Rainbow Bridge (Klassiker: „Sweet greens" mit Kokosnusswasser) direkt gegenüber oder eine Kartoffel-Rosmarin-Pizza von der Knead Bakery zwei Blocks weiter.

Farmers' Market
300 E Matilija St., Ojai, CA 93023
www.ojaicertifiedfarmersmarket.com
jeden Sonntag 9.00 – 13.00 Uhr

Santa Barbara Public Market
Im Herzen von Downtown findet man nach dem Vorbild des berühmten Ferry Building Markets in San Francisco ein Food-Mekka mit dem Best-of lokaler Farmer, Produzenten und Winzer Santa Barbaras, versammelt unter einem Dach mit Cooking Classes und Wine Maker Dinners.

38 West Victoria at Chapala,
Santa Barbara, CA 93101
www.sbpublicmarket.com
Tel: +1 805 770 7702
Montag – Freitag 7.30 – 23.00 Uhr
Samstag 8.00 – 23-00 Uhr
Sonntag 8.00 – 22.00 Uhr

Santa Barbaras Farmers' Market
Seit Santa Barbara eleganter Touristen-Hotspot ist, auf edle Restaurants setzt und gute Küche, haben sich auch die Farmers Markets etwas herausgeputzt. Zwei finden in Santa Barbara selbst statt, schön ist es aber auch nach Montecito zu fahren, dem Edelviertel am Berg.

Samstag: 8.30 – 13.00 Uhr,
Ecke Santa Barbara St. und
Cota Streets, Santa Barbara, CA 93101

Dienstag: 16.00 – 19.30 Uhr
(im Sommer), 15.00 – 18.30 Uhr
(im Winter), State Street zwischen
den Hausnummern 500 & 600
Santa Barbara, CA 93101
Freitag: 8.00 – 11.15 Uhr, zwischen
den Hausnummern 1100 & 1200
Coast Village Road, Montecito,
CA 93101

FLOHMÄRKTE

Rose Bowl
Jeden 2. Sonntag im Monat treffen sich Vintage-Liebhaber auf dem größten Flohmarkt von L.A., der in Pasadena stattfindet. Am besten kommt man gleich frühmorgens und auch den Vintage Boutiquen Besitzern zuvor, die hier einkaufen, oder am späten Nachmittag kurz vor Marktende, wenn vieles zu Schnäppchenpreisen verramscht wird.

Rose Bowl
1001 Rose Bowl Dr, Los Angeles,

Pasadena, CA 91103
www.rgcshows.com
jeden 2. Sonntag 9.00 – 16.30 Uhr

Melrose Trading Post

Vintage Shopping im Herzen von West Hollywood! Kreative Stände von um die 200 Anbietern mit Vintagekleidern und -schmuck, Möbeln, alten Filmplakaten, hippen Publikum und Jazzmusik sind ein Paradies für jeden Flohmarktliebhaber. Und mit etwas Glück kann man besondere Fundstücke entdecken wie Nachttischlampen vom letzten Dexter Filmset.

7850 Melrose Ave (auf dem Parkplatz der Fairfax High School), Los Angeles, West Hollywood, CA 90046
melrosetradingpost.org
Sonntag 9.00 – 17.00 Uhr

L.A. BEST OF SHOPPING

West 3rd Street & The Grove

Um Joan's on Third, den beliebten Frühstücks- und Lunch-Klassiker auf der 3rd Street in Beverly Hills, gruppieren sich ausgesuchte Indie-Läden wie M. Cohen Design mit den berühmten Armbändern des israelischen Designers mit aneinandergereihten Onyxsteinen oder Totenkopfperlen, die Celebrities wie Johnny Depp oder Charlize Theron tragen (8362 W 3rd St). Bei Satine (8134 W 3rd St) kann man in einem Sortiment im quirky-sophisticated Look shoppen, bestehend aus eigenwilligen bis eleganten Teilen von Lanvin, Balenciaga, Isabel Marant, Tsumori Chisato oder Alexander Wang. Kommerzieller geht es in The Grove zu, einer Shopping Mall im Freien, fast eine Art Mini-Disneyland, mit Wasserspielen, Musik und Beleuchtung am Abend. Man kann dort in relaxter Atmosphäre bekannte amerikanische Brands wie J Crew, Barney's Coop, Vince, Splendid, Apple, Nike, Nordstrom finden – und vom Parkhaus hat man die schönsten Ausblicke auf die Hollywood Hills.

West 3rd St, zwischen N La Cienega und N Crescent Heights, Beverly Hills, CA 90048

The Grove
The Grove 189 The Grove Drive, Ecke W3rd St, Beverly Hills, CA 90036
thegrovela.com
Montag – Donnerstag 10.00 – 21.00 Uhr, Freitag und Samstag 10.00 – 22.00 Uhr, Sonntag 10.00 – 20.00 Uhr

Melrose Place
Um L.A.s' berühmten Melrose Place in West Hollywood reihen sich High-End-Boutiquen und Flagshipstores von Designer-Labels wie Marni, Balmain, Isabel Marant, Outdoor Voices, The Row, A.P.C. Darunter auch der Concept-Store Apartment by The Line. Eine Kaffeepause kann man bei Alfred Coffee & Kitchen (8248 Melrose Place) einlegen oder bei Moon Juice einen kalt gepressten Saft trinken. Zum Lunch bietet Croft Alley eine ausgewählte Karte. Und sonntags findet hier von 10.00 bis 14.00 Uhr ein kleiner feiner Farmers' Market statt.

The Brentwood Country Mart
Wer kein Freund von Shopping-Malls ist, wird sich hier sofort wohlfühlen. In angenehmer Village-Atmosphäre kann man in dem charmanten, wein-

rot angestrichenen Holzkomplex nicht nur exquisit shoppen (u.a. bei Intermix, Goop, Jenny Kayne, James Perse), sondern auch noch köstlich essen. Zum Beispiel im Farmshop Restaurant, wo Jeff Cerciello kalifornisch inspirierte Marktgerichte zaubert. Eisliebhaber hingegen sollten unbedingt in der Sweet Rose Creamery vorbeischauen, deren köstliche Eissorten Suchtpotential haben. Unser Favorit: Salted Caramel.

225 26th St/ Sant Vincente Blvd, Brentwood CA 90402
www.brentwoodcountrymart.com
Täglich 10.00 – 19.00 Uhr

Farmshop
farmshopca.com
Montag – Freitag 7.30 – 14.30 Uhr und 17.30 – 21.30 Uhr, Samstag und Sonntag 8.00 – 14.00 Uhr und 17.00 – 21.00 Uhr
Sweet Rose Creamery
www.sweetrosecreamery.com
Täglich 12.00 – 23.00 Uhr

Malibu Country Mart

Wo die Stars shoppen, in bester Lage zwischen den Malibu Mountains und dem Ozean, kann man chic und trendy Outdoor-Boutique-Shopping betreiben. In herrlich relaxter Low-key-Atmosphäre findet man bekannte Marken wie James Perse, Intermix, Oliver Peoples oder Kristalle von Malibu Shaman. Mittendrin liegt die Malibu Kitchen, der Frühstücks-Hotspot mit Scrambled Eggs und Sandwiches, die man in den bunten, herrlich abgeschabten Holzmöbeln auf der Veranda genießen kann – inmitten von Einheimischen, die mit dem Porsche oder Range Rover aus ihren Strandhäusern in Malibu angerauscht kommen. Mittags verabredet man sich auf der Terrasse von Tra di Noi zu Pasta und Kids „play date" auf dem angrenzenden Spielplatz.

3835 Cross Creek Rd, Malibu,
CA 90265
www.malibucountrymart.com
Montag – Samstag 10.00 – 18.00 Uhr,
Sonntag 12.00 – 18.00 Uhr

Abbot Kinney Blvd

Einst Gebiet von Straßengangs und heute beliebte Shopping-Meile mit Galerien, Bars, Cafés und Restaurants, die sich quer durch Venice zieht: Abbot Kinney, benannt nach dem Naturschützer und Visionär, der dort Klein-Venedig anlegen ließ, ist ein Hot-Spot der Stadt, während man bei Guilt und Heist ausgesuchte Designer-Stücke findet und es im Toms Flagship Store Schuhe gibt, bei deren Kauf ein Teil des Geldes in afrikanische Hilfsprojekte fließt – und im Garten befindet sich ein schönes grünes Café. Wer es laut und betonfarben haben möchte und das mit einem richtig guten Kaffee, ist bei Intelligentsia Coffee schräg gegenüber richtig. Perfekt, sich anschließend mit Soulfood im legendären Gjelina Restaurant zu stärken (abends geht ohne Reservierung wenig) oder in dessen Imbiss GTA direkt nebenan, wo man zwischen warmen und kalten Salaten wählen kann und die Köstlichkeiten auf Kisten hockend in einem leicht begrünten Durchgang genießen kann.
Ein paar Blocks weiter am Lincoln Boulevard findet man Indie-Läden wie den General Store (Nr. 1801), Blumenkleider von Christy Dawn (Nr. 1930), den Hutmacher Nick Fouquet (Nr. 853) oder das RA MA Institute for Applied Yogi Science and Technology von Guru Jagat (Anführer der Kundalini Yoga-Szene).

Mercado Sagrado

Ein einmaliges jährliches Gathering, gegründet von der Fotografin Heather Culp, um die Community zusammenzubringen. Seit 2015 trifft sich die conscious community aus Los Angeles ein Wochenende lang in schönster Lage im Malibu Canyon und zelebriert Canyon Spirit mit nachhaltigen lokalen Designern, gesunden Essen, Sound Baths, Consciousness-Workshops und Live Musik.

mercado-sagrado.com

AB INS KINO

ARCLIGHT® CINEMAS

Arclight Hollywood

Klar, es gibt das legendäre Chinese Theatre auf Hollywood Boulevard mit den Handabdrücken von Stars wie Elizabeth Taylor oder Clark Gable davor und so mancher Kinopremiere, das Pacific schräg gegenüber, frisch restauriert und fest in Disney Hand. Das coolste und beste Kinoerlebnis aber ist es, ins ArcLight Hollywood zu gehen. Erste Adresse auch für aktuelle Hollywood-Stars, die dort regelmäßig von den Paparazzi angelichtet werden. Ein moderner Kinotempel mit einem Anzeigenbord wie in einer Flughafenhalle und einem Best-of an Blockbustern und Independent-Filmen, mit Bar, Restaurant – und einer großartigen Wertschätzung für den Film. Vor jeder Vorführung kommt ein Mitarbeiter, führt kurz in den Film ein, erzählt etwas über den Regisseur oder Award-Nominierungen und wartet dann noch etwas vor der Tür, damit man ihm direkt Bescheid sagen kann, falls etwas mit der Bild- oder Tonqualität nicht stimmt. Und: seien Sie pünktlich, denn hat der Film angefangen, gibt es, ganz wie im Theater, keinen Einlass mehr.

Hollywood Boulevard/Vine, mit Parkhaus mit Validation, knipsen Sie Ihren Parkschein im Foyer ab
6360 Sunset Blvd, Los Angeles,
Hollywood, CA 90068
Tel: +1 323 464 1478
www.arclightcinemas.com

Arlington Theatre, Santa Barbara

In diesem historischen Kino von 1931 wird man nicht nur auf der Leinwand in eine andere Welt entführt, sondern auch im Kino selbst. Wie viele andere Gebäude Santa Barbaras, das 1925 von einem schweren Erdbeben heimgesucht wurde, hat man es im Stil spanischer Kolonialarchitektur erbaut – samt eines Kinosaals, der einer spanischen Plaza nachempfunden ist. Unter glitzerndem Sternenhimmel und umgeben von hübschen Hausfassaden mit Balkonblumen hat man in dem Saal das Gefühl, in einer lauschigen Sommernacht draußen zu sitzen. Schon mancher hat sich verwundert die Augen gerieben. Genauso prächtig sind der ausgemalte Eingangsbereich und der Garten mit seiner Fontäne. Neben dem regulären Kinoprogramm finden hier auch Shows und Konzerte statt.

Ein Highlight: das Santa Barbara International Film Festival (meist Ende Januar), zu dessen Gästen Stars wie Cate Blanchett, Leonardo DiCaprio und viele andere Hollywood-Stars gehören.

1317 State St, Santa Barbara, CA 93101
Tel: +1 805 963 4408
thearlingtontheatre.com

HENRY MILLER LIBRARY BIG SUR

1944, nach Stationen in New und Los Angeles, ließ Henry Miller (1891–1980) sich in Big Sur nieder und lebte und arbeitete fast 20 Jahre hier. Sein bester Freund in dieser Zeit war Emil White, in dessen Haus seit Mitte der 1960er-Jahre diese Bibliothek eingerichtet ist, die als kulturelles Zentrum von Big Sur gilt. Es erinnert an Henry Miller und dessen Literatur und bietet gleichzeitig jede Menge andere Kultur. Ausstellungen werden ausgerichtet, Workshops, Schreib- und Theaterwerkstätten, Filmvorführungen und Kurzfilmfestivals finden statt, und es treten regelmäßig Bands auf, zu denen The Red Hot Chili Peppers ebenso gehören wir Arcade Fire, Laurie Anderson oder Philip Glass. Man kann aber auch einfach vorbeigehen, in dem Bücher- und Souvenirshop stöbern und einen Kaffee trinken.

48603 California 1, Big Sur,
CA 93920
Tel: +1 831 667 2574
henrymiller.org
Täglich 11.00 – 18.00 Uhr

Lange waren es vor allem Obdachlose, die durch Downtown L.A. zogen, durch die nur wenig belebten Straßen mit halb leer stehenden Bürogebäuden und zugenagelten, ehemals so prächtigen Art Deco Kinopalästen. Doch die Hochhauswüste ist mittlerweile wieder zum Leben erwacht. Erst kamen – wie immer – die Künstler, mieteten sich in die riesigen, billigen Etagen der historischen Hochhäuser ein, dann folgten Galerien, Cafés und Restaurants und mittlerweile hat dort der größte Acne Shop überhaupt aufgemacht, Urban Outfitters eröffnete eine Filiale und auch das Ace Hotel hat dort einen prächtigen Ableger. Dazu boomen Coffeeshops mit hauseigener Rösterei – und das Magazin GQ hat L.A. Downtown zu dem coolsten Ort Amerikas gewählt und dabei die prickelnde Stimmung mit der von New York in den Seventies verglichen.

Hotels:

Ace Hotel
929 Broadway, Los Angeles, Downtown, CA 90015
Tel: +1 213 623 3233
www.acehotel.com/losangeles

NoMad
Giannini Place, 649 South Olive & 7th Street, Los Angeles, CA 90014
Tel: +1 213 358 0000
www.thenomadhotel.com

Freehand Hotel
416 W. 8th St., Los Angeles, CA 90014
Tel: +1 213 612 0021
freehandhotels.com

Restaurants:

Bestia
2121 7th Place, Los Angeles, CA 90021
Tel: +1 213 514 5724, bestiala.com

Manuela (at Hauser & Wirth)
907 E 3rd St, Los Angeles, CA 90013
Tel: +1 323 849 0480
www.manuela-la.com

Bavel
500 Mateo St, Los Angeles, CA 90013
Tel: +1 213.232.4966
baveldtla.com

Café Gratitude
300 S Santa Fe Ave., Los Angeles, CA 90013, Tel: +1 213 929 5580
und 639 N Larchmont Blvd., Los Angeles, CA 90004, Tel: +1 323 580 6383

Shopping:

Apolis Common Gallery
806 E 3rd St, Los Angeles,
Downtown, CA 90013
Tel: +1 213 613 9626
store.apolisglobal.com

ROW
777 S. Alameda Street, Los Angeles,
CA 90021

Alchemy Works
826 E. 3rd Street, Los Angeles,
CA 90013, Tel. +1 323-487 1497
www.alchemyworks.us

Smorgasburg
777 S Alameda St, Los Angeles,
CA 90021, Tel: +1 718 928 6603
www.smorgasburg.com

Grand Central Market
317 s. Broadway, Los Angeles,
CA 90013
www.grandcentralmarket.com

Galerien:

Hauser & Wirth
901 East 3rd Street
Los Angeles CA 90013
Tel: +1 213 943 1620
www.hauserwirth.com/locations/10069-hauser-wirth-los-angeles

BUCHTIPPS

„Stadt der Engel" (2010)
von Christa Wolff

Als die große Literatin der DDR 1992 und 1993 in Los Angeles war, schaute sie im Fernsehen am liebsten „Star Trek", wunderte sich über die übertriebene Freundlichkeit, über Unverbindlichkeiten und einige andere Eigenheiten des California Style of Life. Dabei mischt sie Fiktion, Reisebericht und Tagebuchaufzeichnungen und macht immer wieder geistige Ausflüge nach Deutschland, auf den Alexanderplatz vor dem Mauerfall oder in ihre Stasiakten.

Michael Connelly

Seit 1993 schickt Michael Connelly, ein ehemaliger Polizeireporter der Los Angeles Times, den Ermittler Harry Bosch („Schwarzes Echo") auf Verbrecherjagd – und zwar kreuz und quer durch L.A. Das ist spannend, komplex und stimmungsvoll. Bosch ist ein Zweifler, und kehrt er abends in seinen Bungalow in den Hills zurück, legt er erstmal eine gute Jazzplatte auf. 2005 erschien zudem mit „Der Mandant" der erste Roman der Reihe des Lincoln Lawyer, eines Anwalts und Halbbruders Harry Boschs, der nicht zimperlich bei der Wahl seiner Klienten ist. Das Buch wurde 2011 mit Matthew McConaughey verfilmt.

Jonathan Kellerman

Der Kinderpsychologe Jonathan Kellerman lässt seinen imaginären „Kollegen" Dr. Alex Delaware die Psyche junger Opfer erkunden und so seinen besten Freund, den schwulen Detektiv Milo Sturgis vom LAPD, bei der Tätersuche unterstützen. Mehr als 25 Bücher sind seit 1985 erschienen und eine unterhaltsame und spannende Tour durch die Stadt und in ihre Abgründe. Fast genauso lange ist Kellermans Frau Faye im Krimi-Genre unterwegs. Ihr Kommissar Peter Decker („Denn rein soll deine Seele sein") bewegt sich mit seiner orthodoxen Frau Rina im jüdischen Milieu der Stadt, und neben spannenden Fällen geben ihre Krimis interessante Einblicke in Leben und Alltag der Großfamilie.

Stadtgeschichten – Tales of the City von Armistead Maupin

Ein Klassiker, sieben Bände dick, heiter, nachdenklich und so unterhaltsam wie eine Soap Opera. Er entstand aus einer Serie, die Maupin für den San Francisco Chronicle schrieb und die sich um eine Handvoll schillernder Gestalten in der Barbary Lane 28 dreht: die Cannabis züchtende Vermieterin Anna Madrigal und ihre Schützlinge. Allen voran Mary Ann Singleton, ein Landei aus Cleveland, das in San Francisco flügge wird, Michael Tolliver, der auf der Suche nach dem Mann fürs Leben ist, der Casanova Brian, die wunderbare Hippielady, für alle sexuellen Abenteuer offen und und und ... Sieben Bände lang kreuzen sich ihre Lebenswege, ziehen sich vor allem durch die 70er und 80er Jahre, thematisieren Love & Peace, die Aids-Epidemie, das aufkommende Yuppietum. Man hat den ersten Band noch nicht zu Ende gelesen, da möchte man selbst in die Barbary Lane einziehen.

SHORT CUTS

„Short Cuts" (1993)
Regie: Robert Altman
Der L.A.-Film überhaupt, in dem Robert Altman auf große Schauspieler in vielen kleinen Rollen setzt. Eine perfekte Form, die Vielschichtigkeit der Menschen und Lebensläufe in L.A. auf die Leinwand zu bringen. Preisgekrönt und gefeiert erzählt das Drama von einem abgestumpften Polizisten, einer Mutter, die sich mit Telefonsex durchschlägt, von einem Helikopterpilot, von großen Hoffnungen und geplatzten Träumen und verwebt die Geschichten kunstvoll miteinander. Ein großartiges Sittengemälde, auf das – im ähnlichen Stil – 1999 Paul Thomas Andersons „Magnolia" folgte und 2004 Paul Haggis' „L.A. Crash".

„Sideways" (2004)
Regie: Alexander Payne
Der tragikomische Roadtrip durch die Weinberge in Santa Barbara Country, auf den Alexander Payne („Nebraska") zwei Mittvierziger schickt, ist ein toller lakonischer und gut beobachteter Film. Während einer der Freunde sich durch die Weingüter kosten und seine Lebenswunden lecken will, ist sein Freund, der kurz als Fernsehschauspieler berühmt war, darauf aus, ein paar Ladies kennenzulernen. Zu allerlei humorigen und melancholischen Weisheiten gibt es schönste Landschaften und einen Blick auf die ursprüngliche Winecountry, die mittlerweile erschreckend expandiert ist.

Milk (2008), Regie: Gus van Sant
2008 verfilmte Gus van Sant (Good Will Hunting) das kurze Leben des berühmten Aktivisten Harvey Milk (1930–1978), der als erster bekennender Homosexueller ein politisches Amt in den USA bekleidete. 1977 wurde er in den Stadtrat von San Francisco gewählt und 1978 gemeinsam mit dem damaligen Bürgermeister George Moscone im Rathaus erschossen. Mit Sean Penn in der Hauptrolle konzentriert sich van Sant auf Milks politische Karriere, die eng mit der Schwulen- und Lesbenbewegung der 70er-Jahre verbunden

war – und auf seine Beziehung zu seinem Liebhaber und späterem engen Freund Scott Smith (James Franco), der auch Milks Wahlkampfleiter war. Ein eindrückliches Plädoyer für persönliche Freiheit und Gleichheit und eine Zeitreise durch eine der entscheidendsten Perioden der Stadtgeschichte San Franciscos. Sean Penn gewann für seine großartige Darstellung Harvey Milks 2009 einen Oscar®.

Bullitt (1968), Regie: Peter Yates

Ein Action-Thriller mit Steve McQueen, berühmt für seine spektakulären Auto-Verfolgungsjagden zwischen einem 68er Ford Mustang und einem Dodge Charger quer durch San Francisco.

PERSÖNLICHKEITEN

Carl Laemmle (1867–1939)

Er kam aus Laupheim, Ostschwaben, aber ohne Carl Laemmle, der als 17-jähriger gemeinsam mit einem Schulfreund nach Amerika auswanderte, würde es Hollywood heute wohl nicht geben. Bereits 1908 hatte der Visionär in Chicago die größte Filmverleihfirma der USA, gründete 1910 seine erste Filmproduktion und zog wenig später an die Westküste, weil dort das Wetter besser und die Löhne niedriger waren. Auf dem Gelände einer ehemaligen Hühnerfarm, damals noch tiefste Pampa und heute Hollywood, gründete er die Universal Studios. Laemmle brannte für den Film und während andere Studios ihren Schauspielern wenig Beachtung schenkten, nannte er ihre Namen im Abspann und erfand so das Starsystem. Zu seinen bekanntesten Filmen gehören „Der Glöckner von Notre Dame“, „Dracula“, aber auch „Im Westen nichts Neues“, der die Schrecken des Ersten Weltkriegs beschreibt. Als der Film 1930 mit einem Oscar ausgezeichnet wurde, beschimpfte man Laemmle in Deutschland als „Filmjuden" und er durfte nicht mehr in seine Heimat zurückkehren.

Harvey Milk (1930–1978)

Der in New York State geborene Harvey Milk arbeitete nach seinem Lehramtsstudium u.a. als Navy-Diver, Lehrer auf Long Island, Versicherungsstatistiker, Finanzanalytiker und Produktionsassistent in New York. Doch er wollte vor allem eines, für sein Leben gerne Bürgermeister von San Francisco werden, mit der Mission die Schwulenbewegung vorwärtszubringen. Mit Charisma und Hartnäckigkeit wurde der frühere Hippie in der kalifornischen Politik schnell unübersehbar. 1977 hat Milk es in den Stadtrat von San Francisco geschafft – mit einer ehr kurzen Amtszeit und tragischem nde. Am 27. November 1978 wurde er usammen mit dem Bürgermeister im athaus erschossen. Die Hausfassade in er 575 Castro Street, jenem Haus, in em sich Milks Castro Cameras Geháft und die gemeinsame Wohnung it seinem Lebenspartner Scott Smith efand, trägt seit 1998 ein Wandbild zu inen Ehren.

sel Adams (1902–1984)

emand hat den Yosemite Nationalrk öfter fotografiert und niemand solch dramatischer Schönheit wie Ansel Adams. Schon als der Sohn eines Händlers mit 14 Jahren zum ersten Mal in den Park kam, war es um ihn geschehen. Mit dem Fotoapparat, den seine Eltern ihm geschenkt hatten, nahm Adams auf, was ihm vor die Linse kam, und kehrte von diesem Sommer an in jeder freien Minute in den Nationalpark zurück. 1930 begann er für die Öffentlichkeitsarbeit des Parks zu fotografieren und verschrieb sich schließlich der künstlerischen Schwarz-Weiß-Fotografie. Mit Kreativen der Bay Area begründete er die „straight photography", die reine Fotografie, die keiner anderen Kunstform nacheifert, sondern geradlinig auf ihre eigenen Fähigkeiten setzt. Auf das Spiel von Licht und Schatten, den Ausschnitt, die Komposition. Seine Arbeit führte Adams durch Amerikas schönste Natur. Weltberühmt sind seine Sanddünen im Sonnenaufgang am Monument Valley, der Half Dome Monolith im Yosemite Nationalpark, Mondaufgänge in New Mexico und auch das Golden Gate vor dem Bau der berühmten Brücke. Das San Francisco MOMA hält zahlreiche Dokumentationen über Adams bereit, die 2002 zusammengestellt wurden, zum 100. Geburtstag des Fotografen.